처음부터 다시 시작하는 맨처음 영어회화

All New 163개

기초패턴만
알아도
영어가
된다!

CHRIS SUH

MENT🧭RS

All New 163개
기초패턴만 알아도 영어가 된다!

2025년 01월 13일 인쇄
2025년 01월 20일 발행

지 은 이 Chris Suh
발 행 인 Chris Suh
발 행 처 **MENT⦿RS**
　　　　　경기도 성남시 분당구 황새울로 335번길 10 598
　　　　　TEL 031-604-0025 FAX 031-696-5221
　　　　　mentors.co.kr
　　　　　blog.naver.com/mentorsbook
　　　　　* Play 스토어 및 App 스토어에서 '멘토스북' 검색해 어플다운받기!
등록일자 2005년 7월 27일
등록번호 제 2009-000027호
I S B N 979-11-94467-39-7
가　　격 18,600원(MP3 무료다운로드)

10년 영어해도 말못해!

10년 영어를 해도 말 한마디 하지 못하는 것은 영어회화에 투자한 절대적인 시간부족이 주원인이긴 하지만 그에 못지 않게 **영어회화학습의 요령부족**에 기인한다. 들려야 말할 수 있다는 강한 신념 하에 많은 시간을 리스닝에 할애하거나 영어회화 해보겠다고 오로지 단문의 영어문장을 암기하거나 상황별 영어회화에 집중한 탓도 무시 못할 원인이다. 심지어는 철없는 완벽주의(?)인지는 몰라도 부질없이 영어 처음부터 다시 시작한다고 비장한 각오로 문법부터 다시 시작하는 경우가 있다. 차근차근 기초부터 다지겠다는 맘이야 가상하지만 그래가지고는 영어를 해도해도 안되는 동호회에 자연 가입하게 될 뿐이다. 마치 100m 스타트를 정확히 하겠다고 계속 출발연습만 하는 사람과 마찬가지 일 것이다.

이제 그런 전철은 밟지 말자. 준비운동은 준비운동으로 끝내고 이젠 본론으로 들어가야 한다. 문법을 몰라도, 잘 안들려도 영어를 말할 수 있다. 가장 중요한 것은 **기본적인 영어회화교재로 영어회화공부를 하는 것**이다. 그 안에 문법이 들어있고 또 하다 보면 자연 들리게 된다. 반면 가장 큰 해악은 영어를 해도 해도 안 된다는 체념과 영어실력이 너무 달린다는 푸념일게다. 이제 나도 할 수 있다는 자신감으로 바로 영어회화에 도전해보자.

가장 좋은 영어회화 학습법은?

그럼 영어로 말 한마디 못하는 왕초보에게 가장 좋은 영어회화 학습방법은 무엇일까? 그것은 뭐니 뭐니 해도 **패턴식 학습법**이다. 모든 언어가 그렇듯 영어에도 반복적으로 많이 쓰이는 패턴들이 있다. 이 많은 패턴들 중에서도 가장 기본적인 영어회화문장을 만들어내는 패턴들이 있다. 패턴이란 문장이 아니라 여러 다양한 문장을 만들어내는 공식과도 같은 것으로 한 마리의 물고기가 아니라 물고기 잡는 방법이라고 말할 수 있다. 물론 모든 문장을 패턴화할 수는 없지만 **회화에서 많이 쓰이는 패턴들을 익혀두고 잘 활용할 수 있다면 처음 영어 말하기 하는 데 커다란 도움이 될 것**이다.

무료 동영상 강의로 함께 공부하면 효과만점!!

이 책 〈패턴만 알아도 영어가 된다〉는 영어회화를 처음 시도해보는 기초자 혹은 여러번 시도해봤지만 한 마디도 못하고 제자리에서 맴맴 도는 안타까운 사람들이 영어를 실제 말할 수 있도록 꾸며진 영어회화학습서이다. 영어회화에서 가장 기본적이면서도 가장 많이 쓰이는 패턴만 모아 모아서 **163개를 선정**하였다. 각 패턴별로 간결한 요점정리로 패턴의 용도를 숙지한 다음 원어민들이 읽어주는 필수핵심문장을 달달 외우고 대화를 익힌다면 그리고 동영상강의를 들으면 많은 영어회화문장을 만들 수 있는 노하우가 머릿 속에 꼭꼭 저장될 것이다. 가장 좋은 학습법은 그 무엇이든 자기가 선택한 책을 무한반복하여 자기 걸로 만드는 것이니 학습한 **163개의 패턴들을 잊지 않고 계속 반복적으로 연습할 것**을 권한다.

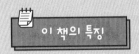

이 책의 특징

① 영어말하는데 꼭 필요한 생기초적인 패턴 163개를 모았다.

② 163개 각 패턴에는 꼭 암기해야 하는 핵심패턴과 예문, 그리고 다이얼로그가 있어,

③ 따라만 하면 자신도 모르게 영어의 말문이 저절로 트이게 된다.

④ 현지 원어민의 생생한 녹음을 통해 각 패턴을 생동감있게 기억할 수 있고,

⑤ 친절한 선생님의 동영상 강의를 통해 핵심패턴을 자유자재로 사용할 수 있게 된다.

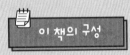

이 책의 구성

① **Chapter**
각 패턴의 구조적 특성에 따라 총 8개의 Chapter로 대분하였다.

② **PATTERN**
영어회화를 맨처음부터 다시 시작하는 사람들이 영어로 말할 수 있도록 영어 회화에 꼭 필요한 기초패턴 163개를 엄선하였다.

③ **핵심패턴**
각 패턴에서 꼭 암기하고 넘어가야 하는 패턴의 형태를 한눈에 익힐 수 있도록 따로 정리하였다.

④ **MP3**
생기초 핵심패턴 163개의 모든 핵심문장과 다이얼로그는 현지 원어민이 녹음하여 생동감있고 현장감있는 영어를 몸에 습득할 수 있게 된다.

⑤ **무료동영상강의**
실력있는 선생님이 각 패턴의 의미, 성격, 사용법 등을 예문과 함께 친절하게 설명하는 동영상을 홈페이지(www.mentors.co.kr)에서 무료로 볼 수 있어, 혼공하는데 크게 도움이 된다.

이 책을 쉽게 보는 법

PATTERN
001

I'm happy with[about]~

…에 기뻐, 만족해

be happy~ 다음에 다양한 형태를 넣어서 많은 문장을 만들어보자. be happy는 무조건 '행복하다'라고 옮기지 말고 「기쁘다」, 「만족하다」 정도로 이해하면 사용하기에 편하다.

핵심패턴

- ✓ I'm happy ~ing …하는데 만족해, 좋아
- ✓ I'm happy to+V …하게 돼 좋아
- ✓ I'm happy with[about]~ …에 만족해
- ✓ I'm happy (that) S+V …해서 만족해, 기뻐
- ✓ I'm not happy~ …에 불만이아
- ✓ Are you happy~? …에 만족해?

💬 Speak like this!

1. I'm happy living in Seoul. 난 서울에 사는데 만족해.
2. I'm happy to help you. 난 도와주게 돼서 기뻐.
3. I'm very happy with my decision. 난 내 결정에 무척 만족해.
4. I'm so happy I'm able to live here. 여기에 살 수 있어 아주 행복해.
5. Are you happy with your marriage? 결혼 생활에 만족해?

Real-life Conversation

A: I'm happy because tomorrow is a holiday. 내일이 휴일이라 기뻐.
B: What do you plan to do? 뭘 할 건데?

A: How was your trip to Hollywood? 헐리우드 여행길인거 어땠어?
B: I enjoyed my vacation but I'm happy to be home.
휴가는 즐겁게 잘 보냈지만 집에 돌아와서 기뻐.

14

PATTERN

영어회화하는데 꼭 필요한 생 기초보패턴 163개

패턴 엔트리

163개의 패턴들이 1페이지마 다 하나씩 정리되었다.

핵심패턴

각 패턴에 이어지는 전치사, 부 사, 동사 혹은 S+V 등을 설명 하여 실제로 패턴을 사용할 수 있다.

Speak like this!

각 패턴에서 가장 대표적인 문 장들을 정리하였다.

Real-life Conversation

각 패턴을 이용해 실제 사용되 는 대화.

Check!

1 I'm+형용사 다음에 다양한 전치사+명사를 넣어본다.

1. 어서 휴가를 갔으면 해(be so eager to)

2. 난 선물사는데 젬병이야(buying gift)

3. 네가 넘 좋아(be crazy about)

정답 1. I'm so eager to have a vacation. 2. I'm terrible at buying gifts. 3. I'm just crazy about you.

2 I'm sorry about 다음에 다양한 명사/~ing를 넣어본다.

바로바로 Check!

Chapter에서 배운 패턴들을 이용해 영어문장을 만들어보 는 공간.

Contents

7

Chapter 04 S+조동사~   085

Chapter 05 Have와 Get 그리고 Make   103

Chapter 06 **기본동사가 만드는 패턴들**　　117

Chapter

1

be+형용사+전치사

PATTERN
001

I'm happy with[about]~

…에 기뻐, 만족해

be happy~ 다음에 다양한 형태를 넣어서 많은 문장을 만들어보자. be happy는 무조건 「행복하다」라고 옮기지 말고 「기쁘다」, 「만족하다」 정도로 이해하면 사용하기에 편하다.

핵심패턴

- ✔ **I'm happy ~ing** …하는데 만족해, 좋아
- ✔ **I'm happy to+V** …하게 돼 좋아
- ✔ **I'm happy with[about]~** …에 만족해
- ✔ **I'm happy (that) S+V** …해서 만족해, 기뻐
- ✔ **I'm not happy~** …에 불만이야
- ✔ **Are you happy~?** …에 만족해?

💬 Speak like this!

① **I'm happy** living in Seoul. 난 서울에 사는데 만족해.

② **I'm happy to** help you. 널 도와주게 돼서 기뻐.

③ **I'm very happy with** my decision. 난 내 결정에 무척 만족해

④ **I'm so happy** I'm able to live here. 여기에 살 수 있어 매우 행복해.

⑤ **Are you happy** with your marriage? 결혼생활에 만족해?

Real-life Conversation

A: **I'm happy** because tomorrow is a holiday. 내일이 휴일이라 기뻐.
B: What do you plan to do? 뭐 할 건데?

A: How was your trip to Hollywood? 헐리우드 여행갔던거 어땠어?
B: I enjoyed my vacation but **I'm happy to** be home.
　 휴가는 즐겁게 잘 보냈지만 집에 돌아와서 기뻐.

14

I'm good at~

…을 잘해

be good at은 「…에 능숙하다」, 「…를 잘한다」라는 의미. "난 수영을 잘 해"는 I swim (very) well이라든가 I can swim (very) well로 말해도 되지만, 더 영어다운 표현은 I'm good at swimming, 또는 I am a good swimmer라고 한다.

 핵심패턴

- ✓ **I'm good at+N[~ing]** …을 잘해
- ✓ **I'm not good at+N[~ing]** …을 잘하지 못해
- ✓ **I'm poor[terrible] at+N[~ing]** …을 잘 못해

💬 Speak like this!

① **I'm good at** swimming. 난 수영을 잘 해.

② **I'm not very good at** giving advice. 난 조언을 하는데 서툴러.

③ You**'re so good at** that. 넌 그거 정말 잘한다

④ **I'm not great** with figures. 난 숫자에 약해

⑤ **I'm terrible at** names. 난 이름 외우는 데 젬병이야.

Real-life Conversation

A: He said he wouldn't tell the others. 걘 나른 사람들에게 얘기하지 않을거라고 했어.

B: Yeah. Jack**'s good at** keeping secrets. 그래. 잭은 비밀을 아주 잘 지켜.

A: Why did you choose to become an airline stewardess?
왜 항공승무원이 되기로 선택했어?

B: **I'm good at** this. People like the service I give them.
내가 잘해서, 사람들이 내가 하는 서비스를 좋아해.

15

I'm worried~

…가 걱정돼

I'm worried~ 뒤에는 about+sb[sth]~나 that S+V의 형태를 이어 쓰면 된다. 특이하게도 능동형으로 worry about~이나 worry that S+V이라고 써도 된다.

 핵심패턴

✓ **I'm worried about+명사[~ing]** …을 걱정하다
✓ **I'm worried that S+V** …을 걱정하다

💬 Speak like this!

① **I'm worried about** losing my job. 난 일자리를 잃을까봐 걱정돼.

② **I'm worried that** he might be a spy. 난 걔가 스파이가 아닐까 걱정하고 있어.

③ **I'm worried about** Jim's strange behavior. 난 짐의 이상한 행동이 걱정돼.

④ **Are you worried about** your safety? 네 안전이 걱정돼?

⑤ **She's so worried about** paying the debt. 걘 빚을 갚는 걸 매우 걱정하고 있어.

⌐ Real-life Conversation ⌐

A: I'm worried about Richard, he's been down lately.
난 리차드가 걱정돼. 최근 우울해하잖아.

B: Well he's separated from his wife. 아내와 별거했잖아.

A: Why are you worried about your job? 네 일자리에 대해 왜 걱정을 하는거야?

B: There's a possibility of Karen quitting. 캐런이 그만 둘 가능성이 있어.

I'm interested in~

…에 관심있어

interest를 써서 「관심있다」고 말하려면 I'm interested in~과 I have interest in~ 두 가지가 있다. 특히 I have~에서는 관사를 붙이면 안된다. 관심있는 것을 말하려면 in 다음에 명사나 ~ing형을 넣으면 된다.

핵심패턴

- ✓ **I'm interested in+N[~ing]** …에 관심을 갖다
- ✓ **I'm not interested in+ N [~ing]** …에 관심이 없다
- ✓ **I have interest in+ N [~ing]** …에 관심을 갖고 있다
- ✓ **I have no interest in + N [~ing]** …에 관심없어

💬 Speak like this!

① **I'm interested in** wood working. 난 목공예에 관심이 있어.

② **I'm not interested in** playing golf. 골프치는 데 관심없어

③ **I'm not interested in** seeing those people again.
그 사람들 다시 보는데 관심없어.

④ I told you again and again **I have no interest in** you.
여러차례 말했지만 난 너에게 관심이 없어.

⑤ **Are you interested in** moving somewhere else?
다른 곳으로 이사가고 싶은 생각있어?

Real-life Conversation

A: I just **have no interest in** going in the water.
난 물안으로 들어가는데 관심없어.

B: Then why learn how to swim? 그럼 왜 수영을 배운거야?

A: Did you ever date Jane? 너 제인하고 데이트 한 적 있어?

B: No, but **I was interested in** her. 아니, 하지만 예전에 걔한테 관심있었지.

I'm sure~

틀림없이 …해

I'm sure~ 뒤에 '주어+동사'가 오는 경우로, 「…를 확신한다」, 「…이 틀림없다」라는 의미이다. 기본적으로 I'm sure of[about] that, I'm not sure 등의 간단한 표현들은 달달 외워둔다.

핵심패턴

✓ **I'm sure about[of]~** …을 확신해
✓ **I'm sure S+V** …을 확실히 하다
✓ **I'm not sure what[why, if~] S+V** …을 모르겠어, 왜 …인지 모르겠어

💬 Speak like this!

① **I'm sure** I locked the door. 난 틀림없이 문을 잠궜어.

② **I'm sure** everything's going to be fine. 만사가 다 잘될게 확실해.

③ **I'm not sure** he will come. 걔가 올지 잘 모르겠어.

④ **I'm not even sure** why she took the job.
걔가 왜 그 일자리를 받아들였는지 영 모르겠어.

⑤ **Are you sure** you're okay? 정말 괜찮아?

Real-life Conversation

A: **I'm sure** she doesn't love you. 걘 널 사랑하지 않아, 틀림없어.
B: How can you be so certain? 어떻게 그렇게 단정지어?

A: Did you invite Andy? 앤디 초대했니?
B: Yes, but **I'm not sure** he will come. 응, 하지만 올지 모르겠어.

I'm afraid~

(유감이지만) …야

I'm afraid~는 상대방의 말이나 의견과 어긋난 얘기를 할 때, 혹은 안좋은 일에 대해서 「예상과 틀려서 유감이지만」, 「아니라면 좋겠지만」이라는 의미로 붙이는 말이다. 굳어진 기본표현으로는 I'm afraid so (유감이지만) "그런 것 같네요," I'm afraid not (유감이지만) "그렇지 않은 것 같네요" 등이 있다.

 핵심패턴

- ✓ **I'm afraid of (A) ~ing** (…가) …할까 두려워
- ✓ **I'm afraid to+V** …하는 것을 두려워
- ✓ **I'me afraid that S+V** (유감이지만) …야

💬 Speak like this!

① **I'm afraid of** the car breaking down. 차가 고장날까봐 걱정돼.

② **I'm afraid to** look at my credit card bill. 내 신용카드 청구서를 보는게 두려워.

③ **I'm afraid** I can't help you. 유감스럽지만 널 도와줄 수가 없어.

④ **I'm afraid** I have another appointment. 선약이 있는데.

⑤ **I'm afraid** I don't know what to say. 뭐라 말해야 할지 모르겠네요.

Real-life Conversation

A: You always drink my orange juice. 넌 늘 내 오렌지주스를 마시더라.

B: **I'm afraid** I didn't do it this time. 미안하지만 이번엔 안그랬어.

A: Can I speak to your boss? 윗분과 얘기할 수 있을까요?

B: **I'm afraid not.** He's very busy right now.
죄송하지만 그럴 수 없겠네요. 지금 굉장히 바쁘세요.

I'm glad~

…해서 기뻐

「…해서 기쁘다」는 의미의 I'm glad 뒤에는 'to+V'가 올 수도 있고, 혹은 '주어+동사'의 절이 올 수도 있다.

핵심패턴

- ✓ **I'm glad to+V** …해서 기뻐
- ✓ **I'm glad (that) S+V** …해서 기뻐

💬 Speak like this!

① **I'm glad to** meet you. 만나게 되어 반갑습니다.

② **I'm glad** you are here. 네가 와줘서 기뻐.

③ **I'm glad** you like it. 맘에 든다니 기뻐.

④ **I'm glad** we're going to Hawaii. 하와이로 가게 되다니 기뻐.

⑤ **I'm glad to** be back on the job. 다시 일할 수 있게 돼서 나도 기뻐.

Real-life Conversation

A: She told me that she feels much better. 걔가 그러는데 훨씬 나은 것 같대.

B: **I'm glad to** hear that. 그 얘길 들으니 기쁘군.

A: Thank you for the present. These are lovely ear rings.
선물 고마워. 귀걸이 예쁘더라.

B: **I'm glad** you like them. 맘에 든다니 기뻐.

I'm sorry ~

…해서 미안해

I'm sorry~는 반드시 잘못을 사과할 때만 쓰는 표현은 아니다. 안좋은 일을 당한 상대방에게 「안됐다」, 「유감이다」라고 말할 때도 쓴다. I'm sorry~ 다음에는 about+N, to+V, 그리고 S+V 등이 다양하게 올 수 있다.

- ✓ **I'm sorry about~** …해서 미안해
- ✓ **I'm sorry to+V** …하다니 미안해
- ✓ **I'm sorry (that) S+V** …해서 미안해
- ✓ **I'm sorry, (but) S+V** 미안하지만, …해

💬 Speak like this!

① **I'm sorry about** him. 그 사람 일은 참 안됐어[미안해].

② **I'm sorry about** your problems. 네 문제들은 유감이야.

③ **I'm sorry to** say we must break up. 이런 말해서 미안하지만 우리 헤어져야겠어.

④ **I'm sorry (that)** I missed your birthday party. 미안해, 생일파티에 못갔네.

⑤ **I'm sorry, (but)** I can't go to the game tonight.
미안하지만, 오늘 밤 경기에 못가.

Real-life Conversation

A: Do you want to break up with me? 나하고 헤어지고 싶은거야?

B: I have to. **I'm sorry about** that. 그래야겠어. 미안해.

A: **I'm sorry** I missed your birthday party. 생일파티 못가서 미안해.

B: That's okay… but you owe me a gift! 괜찮아… 하지만 선물은 줘야 돼!

I'm supposed to~

···해야 돼

'be supposed to+V'는「···하기로 되어 있다」,「···하는 것이 당연하게 받아들여지다」라는 의미로, 2인칭 부정으로 You're not supposed to+V하게 되면 "···하면 안된다"라는 금지의 뜻이 된다.

- ✔ **I'm supposed to+V** ~ 난(우리는) ···하기로 되어 있어, ···해야 돼
- ✔ **I'm not supposed to+V** ~ 난(우리는) ···하면 안돼, ···하면 안돼
- ✔ **You're supposed to+V** 넌 ···해야 돼
- ✔ **You're not supposed to+V** ···해서는 안돼

💬 Speak like this!

① **I'm not supposed to** bring her in here.
미안하지만 난 걔를 여기에 데려오면 안돼.

② **You're supposed to** wait for me. 나를 기다려야지.

③ **You're supposed to** pick up Stan. 넌 스탠을 픽업하기로 했잖아.

④ **You're not supposed to** do that. 너 그러면 안돼.

⑤ **Am I supposed to** go there? 내가 거기 가야 하나?

Real-life Conversation

A: Am I supposed to meet the client today?
내가 오늘 고객을 만나기로 되어있던가?

B: No, he'll be here to meet you tomorrow.
아닙니다. 그분은 내일 만나러 오실 겁니다.

A: I was invited to a friend's wedding. 난 한 친구의 결혼식에 초대받았어.

B: Are you supposed to bring a gift? 선물을 가져가야 되는거지?

I'm not allowed to~

난 …하면 안돼

allow+사람+to+V(…가 …하도록 하다)를 수동태형으로 바꾼 것으로 be allowed to+V하면 「…하는 것이 허락되다」이고 반대로 be not allowed to+V하게 되면 「…하면 안된다」라는 뜻이다.

- **I'm now allowed to+ V** 난 …하면 안돼
- **You're allowed to+ V** 넌 …해도 돼
- **You're not allowed to+ V** 넌 …하면 안돼
- **Please allow me to+V** …을 할게

💬 Speak like this!

① **I'm not allowed to** talk to her. 난 걔와 말하면 안돼.

② **You're not allowed to** have drinks out here.
음료는 밖으로 가지고 나가실 수 없어요.

③ **You're not allowed to** smoke here. 여기서 담배 피우시면 안됩니다.

④ **You're not allowed to** smoke in this office. 이 사무실에서 흡연하면 안돼.

⑤ Please **allow me to** hang your coat up. 내가 코트 걸어줄게.

Real-life Conversation

A: **You're not allowed to** have drinks out here.
음료는 밖으로 가지고 나가실 수 없습니다.

B: Oh, I didn't know that. 어머, 몰랐어요.

A: So, **am I allowed to** ask what happened? 그럼 무슨 일인지 내가 물어봐도 돼?

B: You could ask, but I won't tell. 물어볼 수는 있지만 내가 말을 하지 않을거야.

I'm ready to~

…할 준비가 되어 있어

내가 뭔가 할 준비가 되어 있다고 말할 때 사용한다. 준비하는 내용은 ready 다음에 to+V나 for+N을 붙여서 말하면 된다.

✓ **I'm ready to+V[for+N]** …할 준비가 됐어

✓ **I'm not ready to+V[for+N]** …할 준비가 안됐어

✓ **Are you ready to+V[for+N]** …할 준비가 됐어?

💬 Speak like this!

① **I'm ready to** drink this whole bottle of whisky.
이 위스키 병전체를 마실 준비가 됐어.

② **I'm not ready to** come back. 난 다시 돌아올 준비가 되지 않았어.

③ **Are you ready to** go shopping? 쇼핑 갈 준비 다 됐어?

④ **Are you ready to** order? 주문할 준비 됐나요?[주문하시겠어요?]

⑤ **Are you ready to** leave on our trip? 우리 여행갈 준비됐어?

> Real-life Conversation

A: We have to leave. **Are you ready to** go? 우리 가야 돼. 갈 준비 다 됐어?

B: I will be in five minutes. 5분 후엔 준비될거야.

A: I'm impressed with your hard work. 열심히 일하는 모습이 인상적이네요.

B: Really? Do you think **I'm ready for** a promotion?
정말인가요? 제가 곧 승진할 것 같아요?

I'm surprised to~

…에 놀랐어

be surprised at~만 알고 있으면 기초영어에서 헤어나오지 못한다. be surprised 다음에 to+V, 혹은 that S+V를 붙여서 왜 놀랐는지 그 이유를 말할 수도 있다는 것을 알아둔다.

핵심패턴

- ✓ **I'm surprised at[by]~** …에 놀라다
- ✓ **I'm surprised to+V** …하는 것에 놀랐어
- ✓ **I'm surprised that S+V** …에 놀랐어

💬 Speak like this!

① **I'm surprised to** see you at my party. 널 파티에서 보고 놀랐어.

② **I'm surprised to** see you back so soon.
네가 그렇게 빨리 돌아오는 걸 보고 놀랐어.

③ **I'm surprised** she didn't tell me. 걔가 내게 말을 하지 않아서 놀랐어.

④ **I'm surprised** Miss Warner is so comfortable here.
워너 양이 여기서 그렇게 편안하다니 놀랐네.

⑤ **I'm not at all surprised** they feel that way.
난 그 친구들이 그렇게 생각한다는 사실에 전혀 놀랍지 않아.

Real-life Conversation

A: The motel is still in business. 그 모텔은 아직도 영업을 하고 있어.

B: **I'm surprised to** hear it didn't close. 문을 닫지 않았다니 놀랍네.

A: **I'm still surprised** you came, Dad. 아빠가 오시다니 아직도 놀라워요.

B: It's good to be with family at Christmas. 크리스마스에 가족과 있는건 좋아.

I'm angry with~

…에 화가 나

be[get] angry는 몹시 화가 난 상태. be mad 역시 be angry처럼 생각하면 된다. 다만 mad에는 「…을 엄청 좋아하다」라는 뜻이 있어서 be mad about sb하면 「…을 무척 사랑하다」라는 뜻이 된다는 걸 주의한다.

- ✓ **I'm angry at[about, over] sth~** …에 화나다
- ✓ **I'm angry with[at] sb** …에 화나다
- ✓ **I'm angry with[at] sb for ~ ing** …가 …하는거에 화나다
- ✓ **I'm mad with[at] sb~** …에 화나
- ✓ **I'm mad with[at] sb for[about] ~ing** …가 …해서 화가나
- ✓ **I'm mad about sth** …에 화나

💬 Speak like this!

① **I'm angry with** him. I'm going to divorce him. 걔한테 열받았어. 이혼할거야.

② **I'm not mad at** you, Will. I'm mad at Chris. 윌. 네가 아니라 크리스에게 화났어.

③ Why **are you so angry at** me? 왜 내게 그렇게 화를 내는거야?

④ **Is** your wife still **angry at** you? 네 아내 아직도 화나 있어?

⑤ Don't **be mad at** him, it's our fault. 걔한테 화내지마, 우리 잘못인데.

Real-life Conversation

A: You don't know what's been going on. 넌 무슨 상황인지 몰라.

B: OK then tell me. Why **are you so angry at** Chris?
좋아 그럼 말해봐. 너 왜 크리스에게 화를 내는거야?

A: Have you heard that June is upset with you?
준이 너한테 화났다는거 들었어?

B: Oh God, why **is she angry at** me now? 어이구. 지금은 뭐 때문에 내게 화나있대?

I'm fine with[by]~

…는 괜찮아

be fine with[by]~는 상대방의 이야기가 좋은 생각이라고 동의할 때 사용하는데 with보다 by를 쓰는게 더 회화적이다. okay[all right] 다음에는 with+N[~ing]을 이어 쓰면 된다.

핵심패턴

> ✓ **I'm fine with[by]~** …에 좋다, 괜찮아
> ✓ **I'm okay with~** …에 좋다, 괜찮아
> ✓ **I'm all right with~** …에 좋다, 괜찮아
> ✓ **Are you okay[all right] with~ ?** …가 괜찮아?

💬 Speak like this!

① **That's fine with** me. 난 괜찮아.

② **I'm all right with** that. 난 괜찮아

③ **I'm all right with** going on a blind date. 난 소개팅나가는데 상관없어.

④ **I'm okay with** Ron getting married. 난 론이 결혼하는데 괜찮아.

⑤ **Are you okay with** waiting a few more days? 며칠 더 기다리는거 괜찮겠어?

Real-life Conversation

A: We plan to meet at the restaurant at 10 am.
오전 10시에 식당에서 만나기로 했어.

B: **That's fine with** me. I'll see you then. 난 괜찮아. 그때 보자.

A: I was in a car accident this morning. 오늘 아침에 차 사고를 당했어.

B: Oh no! **Are you okay?** 저런! 괜찮아?

I'm embarrassed about~

…가 창피해

부끄럽거나 창피한 일을 말할 때 쓰면 되며, I'm embarrassed when~라는 패턴도 함께 알아둔다.

핵심패턴

- ✓ **I'm embarrassed about+N[~ing]** …에 당황스러워
- ✓ **I'm embarrassed to+V** …해서 당황스러워
- ✓ **I'm depressed about~** …에 우울해

💬 Speak like this!

① **I'm embarrassed to** say I was surprised. 말하기 창피하지만 난 놀랐어.

② **I'm embarrassed about** falling down. 말하기 창피하지만 넘어졌어.

③ **I'm embarrassed about** getting drunk last night. 지난밤에 취한게 창피해.

④ **I still feel embarrassed** buying rubbers at a drugstore.
난 아직도 약국에서 콘돔사는게 창피해.

⑤ **I'm kind of depressed about** Richard. 난 리차드 때문에 좀 낙담했어.

Real-life Conversation

A: Bob **was embarrassed about** getting drunk. 밥은 술취한 모습에 당황해하더라고.

B: He never wanted us to see him acting foolishly.
걘 자기가 허술하게 보이는 모습을 우리에게 보이고 싶어하지 않았거든.

A: You didn't say you needed to borrow money. 넌 돈빌려야 한다고 말하지 않았어.

B: I **was embarrassed to** ask any of my friends for it.
쑥스러워서 내 친구들 중 누구에게도 부탁하지 못했어.

I'm married to~

…와 부부다

be married to sb는 「…와 결혼하여 부부」라는 것을 말하며, 결혼하는 행위를 말하려면 get married to sb 라고 하면 된다. 그밖에 be lost in, be caught in, be stuck in, be confused 등을 함께 학습해본다.

핵심패턴

- ✓ **I'm married to sb** …와 부부야
- ✓ **I'm lost in~** …에서 길을 잃었어
- ✓ **I'm stuck in** …에 꼼짝달싹 못해
- ✓ **I'm confused** 혼란스러워

💬 Speak like this!

① **I was caught in** a shower. 소나기를 만났어.

② **I'm lost in** the woods. 숲속에서 길을 잃었어요.

③ **I'm stuck in** traffic. (지금) 차가 막혀서 꼼짝달싹 못해.

④ **He's kind of married to** his job. 걘 자기 일과 결혼했다고 할 수 있죠.

⑤ **She was really confused about** how to log in.
갠 정말 어떻게 로그인하는지 혼란스러워 하더라고.

Real-life Conversation

A: Is that woman your girlfriend? 저 여자가 네 여자친구지?
B: No, **I'm married to her.** 아니, 내 아내야.

A: My gosh! You are really soaked. 세상에! 정말 흠뻑 젖었구나.
B: Yes, I am. **I was caught in a shower.** 응. 소나기를 만났어.

1 I'm+형용사 다음에 다양한 전치사+명사를 넣어본다.

1. 어서 휴가를 갔으면 해(be so eager to)

_____

2. 난 선물사는데 젬병야(buying gift)

_____

3. 네가 넘 좋아(be crazy about)

_____

정답 1. I'm so eager to have a vacation 2. I'm terrible at buying gifts 3. I'm just crazy about you

2 I'm sorry about 다음에 다양한 명사/~ing를 넣어본다.

1. 아까 그렇게 화낸 것 미안해(get so angry earlier)

_____

2. 오늘 오후에 미안했어(this afternoon)

_____

3. 그 사고 안됐어(the accident)

_____

정답 1. I'm sorry about getting so angry earlier 2. I'm sorry about this afternoon 3. I'm sorry about the accident

3 I'm (not) sure~ 다음에 다양한 문장을 넣어보자.

1. 난 그걸 할 수 있다고 확신해(can do)

_____

2. 넌 시험에 꼭 합격할거야(pass the exam)

_____

3. 며칠 지나면 괜찮아질거야(in a few days)

_____

정답 1. I'm sure I can do it 2. I'm sure you'll pass the exam 3. I'm sure you'll be fine in a few days

4 I'm afraid~ 다음에 다양한 문장을 넣어보자.

1. 제가 한 게 아닌데요(didn't do)

2. 선약이 있는데요(have another appointment)

3. 뭐라고 해야 할지 모르겠어요(what to say)

정답 1. I'm afraid I didn't do it 2. I'm afraid I have another appointment 3. I'm afraid I don't know what to say

5 I'm glad~ 다음에 다양한 to+동사 혹은 문장을 넣어보자.

1. 걔가 괜찮다니 다행이네(be all right)

2. 즐거웠다니 기뻐요(enjoy it)

3. 그렇게 생각해줘서 다행야(think so)

정답 1. I'm glad he's all right 2. I'm glad you enjoyed it 3. I'm glad you think so

6 Are you~? 다음에 다양한 형용사를 넣어보자.

1. 아직도 배고파?(hungry)

2. 나한테 화났어?(be upset with)

3. 너 미쳤어?(insane)

정답 1. Are you still hungry? 2. Are you upset with me? 3. Are you insane?

7 Are you ready to~ 다음에 다양한 동사를 넣어보자.

1. 그거할 준비됐어?(do it)

_____

2. 시험 준비됐어?(your examination)

_____

3. 구두시험 준비됐니?(oral test)

_____

정답 1. Are you ready to do it? 2. Are you ready for your examination? 3. Are you ready for the oral test?

8 I'm sorry to 다음에 다양한 동사를 넣어보자.

1. 너 잘렸다며 안됐다(got fired)

_____

2. 걔가 이혼했다니 안됐네(got divorced)

_____

3. 네가 불행을 겪어 안됐어(hear about)

_____

정답 1. I'm sorry to hear that you got fired 2. I'm sorry to hear that she got divorced 3. I'm sorry to hear about your tragedy

9 I'm sorry (, but) 다음에 다양한 문장을 넣어보자.

1. 죄송합니다만 그분은 퇴근하셨습니다(be gone for the day)

_____

2. 죄송합니다만 뉴욕출신이 아니어서요(be not from~)

_____

3. 죄송합니다만 그분은 지금 바쁘십니다(be busy at the moment)

_____

정답 1. I'm sorry, but he's gone for the day 2. I'm sorry, but I'm not from New York 3. I'm sorry, but she's busy at the moment

Chapter

2

be+ ~ing

I'm ~ing

…하고 있어, …할거야

동사의 진행(be+~ing)으로 동작이 지금 계속 진행중임을 나타내는 표현방식이다. 또한 go, come 등 왕래 발착 등의 동사에서 특히 그렇듯이 be+~ing는 진행 뿐만 아니라 가까운 미래를 나타낼 때도 쓰인다.

핵심패턴

- ✓ **I'm ~ing** 난 …하는 중이야, 나 …해
- ✓ **I'm ~ing~~** 난 …하는 중이야, 나 …해
- ✓ **I'm coming** 지금 가요. (누가 부를 때)
- ✓ **I'm going** 난 갈 거야. (참석 여부 등을 말할 때)

💬 Speak like this!

① **I'm just looking.** 그냥 구경하는 중예요.

② **I'm working** on it. 지금 그거 하고 있는 중이야.

③ **I'm waiting** for the right moment. 적당한 시기를 기다리고 있는 중이야.

④ **I'm going** with Jack. 잭하고 같이 갈거야.

⑤ **I was talking** about Jim when he called.
짐이 전화했을 때, 난 걔 얘길 하고 있는 중이었어.

Real-life Conversation

A: Where is the report I asked for? 내가 부탁한 보고서는 어디있죠?
B: **I'm working** on it. I'll be finished soon. 지금 하고 있어요. 곧 끝낼게요.

A: Are you going to ask Kate on a date? 케이트한테 데이트 신청하려고?
B: **I'm waiting** for the right moment. 적당한 시기를 기다리고 있는 중이야.

PATTERN
018

I'm going to~

…할거야

I'm going~은 두가지 의미로 쓰인다. I'm going 다음에 부사, to+명사 혹은 ~ing형이 오면 '…에 가다.' '…하러 가다'라는 의미로 go의 의미가 살아있다. 하지만, I'm going 다음에 to+V사가 오는 경우는 단순히 조동사 will처럼 '미래'를 표시해줄 뿐으로 I'm going to+V에서는 go의 원래 의미는 없다.

핵심패턴

- ✓ **be going to+N** …에 가고 있어, …에 갈거야
- ✓ **be going to+V** …할거야
- ✓ **be going ~ing** …하러가다

💬 Speak like this!

① **I'm going to** the library. 나 도서관 가는 중이야[갈거야].

② **I'm going to** Canada this summer. 올 여름엔 캐나다에 갈거야.

③ **I'm going to** practice English every day. 매일 영어공부 할거야.

④ **I'm going to** stay for a week. 일주일간 머무를거야.

⑤ **I'm going** jogging tomorrow morning. 내일 아침에 조깅하러 갈거야.

Real-life Conversation

A: **I'm going to** an Indian restaurant for dinner.
저녁 먹으러 인도 식당에 갈거야.

B: I didn't know you liked Indian food. 네가 인도 음식 좋아하는 줄은 몰랐네.

A: **I'm going to** marry her someday. 언젠가는 걔하고 결혼할거야.

B: How long have you two been dating? 둘이 얼마나 사귀었는데?

You're ~ing

넌 …하고 있구나

You're ~ing 형태의 현재진행형을 만들어 보고, 그밖에 You're 다음에 전치사구가 오거나 부사가 오는 표현들도 아울러 알아본다.

핵심패턴

- ✓ **You're ~ing** 너 …하고 있구나
- ✓ **You're+전치사구[부사]** 넌 …하다

💬 Speak like this!

① **You're kidding.** 농담이겠지.

② **You're scaring** me. 겁주지 매[네가 날 겁먹게 하고 있어].

③ **You're making** a big mistake. 너 지금 크게 실수하고 있는거야.

④ **You're talking** too much. 넌 말을 너무 많이 해.

⑤ **You're in** trouble. 너 큰일났다.

Real-life Conversation

A: Stop that noise. **You're bothering** me. 시끄러운 소리 좀 그만 내. 신경쓰여.

B: I'll try to be more quiet. 좀 더 조용히 해볼게.

A: I heard this house has a ghost. 이 집에 귀신이 있다더라.

B: Stop it! **You're scaring** me. 그만 해! 겁나잖아.

Are you ~ing?

너 …하니?, 너 …할거야?

Are you ~ing?로 질문하면 「너 지금 …하고 있는거니?」 혹은 「너 요즘 …하니?」라는 질문이 된다. go, come 등 가고 오는 것과 관련된 동사들의 경우에는 앞서 말했듯이 가까운 미래에 「…할거니?」라는 뜻으로 도 쓰인다.

핵심패턴

✓ **Are you ~ing?** 너 …하니?, 너 …할거야?

💬 Speak like this!

① **Are you kidding?** 지금 농담하니?

② **Are you taking** any medication? 요즘 먹고 있는 약이 있나요?

③ **Are you being** helped? 누가 봐드리고 있나요?(상점에서)

④ **Are you coming** with us? 우리랑 같이 갈거지?

⑤ **Are you leaving** tomorrow? 내일 떠나니?

Real-life Conversation

A: **Are you still smoking?** 아직도 담배 피우니?

B: Yes, but I'm going to try to quit. 응. 하지만 끊어보려고 해.

A: I've been feeling very sick lately. 요즘 계속 속이 메슥거려.

B: **Are you taking** any medication? 약은 먹고 있는거니?

Are you going to~?

…할거야?

Are you~ 다음에 going to+V가 붙는 경우로 상대방에게 앞으로 …할건지를 물어보는 문장이 되고 Are you~ 다음에 going to+장소명사가 오면 "넌 …에 갈거니?"라는 의미가 된다.

 핵심패턴

- **Are you going to+N?** 너 …에 갈거야?
- **Are you going to+V?** 넌 …할거야?

💬 Speak like this!

① **Are you going to** the Halloween Party? 할로윈 파티에 갈거야?

② **Are you going to** the staff meeting tonight?
오늘 밤에 있을 직원회의에 갈거니?

③ **Are you going to** get a job after you graduate? 졸업 후엔 취업할거니?

④ **Are you going to** call him tomorrow? 너 내일 걔한테 전화할거야?

⑤ **Are you going to** talk to her again? 너 걔에게 다시 말을 걸거야?

Real-life Conversation

A: **Are you going to** the party tomorrow night? 내일 밤 파티에 갈거니?

B: If Derrick goes, I'll go too. 데릭이 가면 나도 갈거야.

A: **Are you going to** offer me a chance to work here?
제가 여기서 일할 기회를 주실 건가요?

B: Yes, you're the right person for this job. 그럼요. 이 일에는 당신이 적임자입니다.

He is ~ing

걘 …하고 있어

be+~ing 형은 아주 많이 쓰이는 표현방식으로 주어가 'I'일 때 뿐만 아니라 He, She, They 등 다양한 주어와 함께 사용된다.

핵심패턴

- ✓ **He's ~ing** 걘 …하고 있어
- ✓ **She's ~ing** 걘 …하고 있어
- ✓ **They're ~ing** 걔네들은 …하고 있어

💬 Speak like this!

① **He is talking** on the phone. 걘 통화중이야.

② **He is having** fun at the beach. 걘 해변에서 즐거운 시간을 보내고 있어.

③ **She is going to** Paris tomorrow. 걘 내일 파리로 가.

④ **She is waiting** for you. 걘 널 기다리고 있는 중이야.

⑤ **They are hanging** out at the mall. 걔들은 쇼핑몰에서 놀고 있어.

Real-life Conversation

A: Do you know where Peter and Marc are? 피터하고 마크 어디 있는지 알아?
B: **They are hanging** out at the mall. 쇼핑몰에서 어슬렁거리고 있지.

A: I need to speak with your boss. 당신 상사하고 얘기해야겠어요.
B: **He is talking** on the phone. 통화중이십니다.

바로바로 Check!

1 I'm~ 다음에 다양한 동사의 ~ing를 넣어보자.

1. 정말 네가 보고 싶을 거야(miss you)

2. 너한테 부탁할 게 있어서 전화했어(ask~for a favor)

3. 운동화를 찾고 있는데요(look for)

> 정답 1. I'm really going to miss you 2. I'm calling to ask you for a favor 3. I'm looking for running shoes

2 (S)He's~ 다음에 다양한 동사의 ~ing를 넣어보자.

1. 걔가 네 전화 기다리고 있어(expect your call)

2. 걘 출장차 목요일에 올거야(for a business trip)

3. 걔네들은 아직도 선생님을 기다리고 있어(wait for)

> 정답 1. He's expecting your call 2. He's coming on Thursday for a business trip 3. They're still waiting for the teacher

3 I'm going to~ 다음에 다양한 장소명사를 넣어보자.

1. 가족과 함께 마이애미 해변에 갈거야(go to the beach)

2. 일요일에 등산하러 갈거야(go hiking)

3. 내일 쇼핑하러 갈거야(go shopping)

> 정답 1. I'm going to the beach in Miami with my family 2. I'm going hiking on Sunday 3. I'm going shopping tomorrow

4 I'm going to~ 다음에 다양한 동사를 넣어보자.

1. 집에 돌아갈거야(go back home)

2. BMW 신차하나 뽑을거야(get a new BMW)

3. 부모님 집에 방문할거야(visit my parents)

정답 1. I'm going to go back home 2. I'm going to get a new BMW 3. I'm going to visit my parents

5 You're~ 다음에 다양한 동사의 ~ing를 넣어보자.

1. 너무 시끄러워(make too much noise)

2. 넌 늘상 불평만해(complain)

3. 너 땜에 내가 미쳐(drive somebody crazy)

정답 1.You are making too much noise 2. You're always complaining 3. You're driving me crazy

6 Are you~ 다음에 다양한 동사의 ~ing를 넣어보자.

1. 아직도 담배 피우니?(smoke)

2. 아내하고 많이 싸워?(fight a lot with)

3. 너 내 말 듣고 있는거야?(listen to)

정답 1.Are you still smoking? 2. Are you fighting a lot with your wife? 3. Are you listening to me?

패턴만 알아도 영어가 된다!

Chapter

3

It[This, That]+V and Here & There

It is ~

…해

It's~ 다음에 '형용사' 또는 '과거분사'가 오는 경우로 사물의 외양·성질을 나타낼 때, 그리고 어떤 행동이나 사건, 상대의 말을 언급할 때 쓰인다.

핵심패턴

✓ **It is+형용사** …해
✓ **It is not +형용사** …하지 않아

💬 Speak like this!

① **It's not** true. 사실이 아냐.

② **It's so** hard for me. 나한테는 꽤 힘들어.

③ **It's a little** complicated. 좀 복잡해.

④ **It's** close to where I live. 내가 사는 곳에서 가까워.

⑤ **It's very** kind of you. 고마워[넌 정말 친절하구나].

Real-life Conversation

A: Can I give you a lift home in my car? 내 차로 집까지 태워다줄까?
B: Thanks. **It's very** kind of you. 고마워. 정말 친절하구나.

A: I heard Nate and his wife divorced. 네이트가 아내와 이혼했다며.
B: **It's so** sad. He's picking up the pieces now.
안됐어. 걘 이제 다시 추스리고 있어.

It's your~

…야

It's your+N 형태를 포함해 It is~ 다음에 다양한 명사를 넣어본다. 또한 It's~ 다음에 전치사구 등이 오는 경우도 함께 살펴본다.

핵심패턴

✓ **It is+(not) N** …야, …가 아냐
✓ **It is+전치사구** …야

💬 Speak like this!

1) **It's your** turn. 네 차례야

2) **It's** nothing. 아무 것도 아냐.

3) **It's** the same with me. 나하고 같네.

4) **It's not your** fault. 네 잘못이 아냐.

5) **It's just** around the corner. 바로 골목어귀에 있어[가까워].

Real-life Conversation

A: My boss gives me too much work. 우리 사장님은 일을 너무 많이 시키셔.
B: It's the same with me. I'm always stressed. 나하고 같네. 항상 스트레스를 받지.

A: Would you like me to visit you? 내가 너 있는 데로 갈까?
B: It's up to you. Do you have time? 너에 달렸지. 시간돼?

It's good ~

…하는 것이 좋아

It is~ 뒤에 '형용사+to+V'의 형태가 나온 경우. It이 실제적으로는 to~ 이하를 가리키는 역할을 한다. 또한 to~ 이하의 행동을 하는 주체, 즉 의미상의 주어를 나타내 주려면 to+V 앞에 'for+사람'을 붙이면 된다.

핵심패턴

- ✓ **It's good (for sb) to+V** (…가) …하는 것이 좋아
- ✓ **It's not good (for sb) to+V** (…가) …하는 것은 좋지 않아
- ✓ **It's good that S+V** …하는 것이 좋아

💬 Speak like this!

① **It's good for you to** eat some vegetables. 야채를 먹는게 너한테 좋아.

② **It's good to** hear your voice. 네 목소리 들으니 좋아.

③ **It's not good for you to** stay up too late.
너무 늦게까지 안자고 있는 건 좋지 않아.

④ **It's good to** see you again. What's your name?
너를 다시 만나서 반가워. 근데 이름이 뭐지?

⑤ **It's good that** we got out and did something physical.
우리 밖에 나가서 운동을 좀 하는게 좋은 것 같아.

Real-life Conversation

A: I don't like the taste of lettuce. 양배추 맛이 싫어.

B: **It's good for you to** eat some vegetables. 야채를 먹는게 네 몸에 좋아.

A: God, I feel so tired today. 어휴. 오늘 정말 피곤하다.

B: **It's not good for you to** stay up too late.
너무 늦게까지 자지 않는건 너한테 안좋아.

It's better~
…하는 것이 더 좋아

이번에는 good 대신에 better, best 혹은 great란 형용사로 바꾸어서 문장을 다양하게 만들어본다.

 핵심패턴

- ✔ **It's better to+V** …하는 것이 더 좋아
- ✔ **It's better to+V than+V** …하는 것보다 …하는 것이 더 나아
- ✔ **It's better that S+V** …하는 것이 더 좋아
- ✔ **It's best to+V** …하는 것이 최선이야

💬 Speak like this!

① **It's better to** join a health club. 헬스클럽에 가입하는게 더 나아.

② **It's better that** you don't know. 네가 모르는게 더 나아.

③ **It's better than** doing nothing. 아무 것도 안하는 것보다는 나아.

④ **It's best to** improve your health. 네 건강을 향상시키는게 최선이야.

⑤ **It's great to** meet some new people. 새로운 사람들을 만나는 것은 좋은 일이야.

Real-life Conversation

A: My friends are always criticizing me. 내 친구들은 항상 나를 비난해.

B: **It's best to** ignore what they are saying.
개네들이 말하는 것을 무시하는게 상책이야.

A: **It's great to** meet some new people. 새로운 사람들을 만나는 것은 좋은 일이야.

B: That's why we go out to nightclubs. 그래서 우리는 나이트클럽에 가잖아.

It's hard~

…하는 것은 어려워

It is + 형용사+(for 사람)+ to+V의 형태 중 가장 많이 쓰이는 것 중의 하나인 It is hard[difficult] to+V~의 패턴. 어떤 일을 하기가 어렵다고 말할 때 많이 애용되는 표현이다. to+V 대신 ~ing 형태가 오기도 한다.

 핵심패턴

- ✓ **It's hard (for sb) to+V** (…가) …하는 것은 어려워
- ✓ **It's hard to believe that S+V** …가 믿기지 않아
- ✓ **It's difficult (for sb) to+V** (…가) …하는 것은 어려워
- ✓ **It's difficult ~ing** …하는 것은 힘들어

💬 Speak like this!

① **It's really hard to** find a job these days.
요즘에 일자리 찾는게 정말 너무 어려워.

② **It's so hard to** lose weight. 몸무게를 줄이기가 굉장히 어려워.

③ **It's hard to** believe that was six years ago.
그게 6년전 일이라는게 믿기지 않아

④ **Is it hard to** become a member here? 이곳의 회원이 되기가 힘들어?

⑤ Sometimes **it's difficult to** have family. 때로는 가정을 꾸미게 힘들어.

Real-life Conversation

A: **It's really hard to** find a job these days. 요즘에 일자리 찾는게 정말 너무 어려워.

B: I'm sure you can find somewhere to work. 어디 일할 곳 분명 찾을 수 있을거야.

A: Bill Gates is one of the richest men in the world.
빌게이츠는 세상에서 가장 부유한 사람중 하나야.

B: **It's hard to** imagine having all that money.
그렇게 많은 돈을 갖고 있다는게 가늠하기도 힘드네.

PATTERN
028

It's easy ~

…하는 것은 쉬워

It's hard~의 반대표현으로 It's easy~ 다음에는 to+V 뿐만 아니라 ~ing을 붙여써도 된다. 쉽지 않다고 말하려면 easy 앞에 not을 붙이면 된다.

- ✓ **It's easy to+V[-ing]** …하는 것은 쉬워
- ✓ **It's easy for sb to+V** …가 …하는 것은 쉬워

💬 Speak like this!

① **It's easy to** get there. 거기에 도착하는 건 쉬워.

② **It's not easy to** start working at a new job.
새로운 곳에서 일을 시작하는 건 쉬운 일이 아냐.

③ **It's not easy to** have them there every day.
매일 걔네들과 거기에 같이 있는건 쉬운 일이 아니야.

④ **It's not easy to** keep pace with her. 걔와 보조를 맞추는 건 쉽지 않아

⑤ **It's never easy to** say goodbye. 작별인사를 하는건 절대로 쉽지 않아.

Real-life Conversation

A: I've never walked the mountain trails. 난 산길을 걸어본 적이 없어.
B: **It's easy to** try hiking for the first time. 처음에는 하이킹을 해보는게 쉬워.

A: I've never done any online dating. 난 온라인 데이트 같은 걸 해보지 않았어.
B: **It's easy to** meet people that way. 그렇게 하면 사람들을 쉽게 만나.

49

It's necessary ~

…하는 것은 필요해

뭔가 반드시 해야 할 일이 있을 때는 necessary란 형용사를 써서 It's necessary to+V의 형태로 쓰면 된다.

핵심패턴

✓ **It's necessary (for sb) to+V~** (…가) …하는게 필요해

💬 Speak like this!

① **It's necessary to** work a few more hours. 몇시간 더 일을 해야 돼.

② **It's necessary to** eat a healthy diet. 건강식을 먹는게 필요해.

③ **It's necessary to** talk to the school's principal.
교장선생님에게 말하는게 필요해.

④ **It's necessary to** take this medicine. 이 약을 먹는게 필요해.

⑤ **Is it necessary to** visit them today? 걔들을 꼭 오늘 찾아가야 하니?

Real-life Conversation

A: Let's hurry. We'll be on time if we leave now.
서두르자. 지금 출발하면 제시간에 도착할거야.

B: **Is it necessary to** visit them today? 걔들을 꼭 오늘 찾아가야 하니?

A: I generally smoke two packs a day. 난 보통 하루에 담배 두갑을 펴.

B: **It's necessary to** stop that as soon as possible.
가능한 한 빨리 금연하는게 필요해.

It's okay~

…하는 것은 괜찮아

상대방에게 to~이하를 해도 괜찮다고 조언하거나 허락할 때 It's okay to~라고 하면 된다. It's okay~ 다음에 S+V도 올 수 있다.

핵심패턴

- ✓ **It's okay to~** …해도 괜찮아
- ✓ **It's okay with sb** …에게 괜찮아
- ✓ **It's okay for sb to~** …가 …해도 괜찮아
- ✓ **It's okay that S+V** …해도 괜찮아
- ✓ **It's okay if S+V** …한다면 괜찮아

💬 Speak like this!

① **It's okay to** say you don't know, Greg. 그렉, 모른다고 말해도 괜찮아.

② **It's okay for him to** get some rest. 걘 좀 쉬어도 괜찮아.

③ Jane, **it's okay that** you feel this way. 제인, 네가 그렇게 느껴도 괜찮아.

④ **It's okay that** we are late. 우린 늦어도 괜찮아.

⑤ **It's not okay to** treat them poorly. 걔네들을 푸대접하면 안돼.

Real-life Conversation

A: Leon fell asleep while studying. 레온은 공부를 하다가 잠이 들었어.
B: **It's okay for him to** get some rest. 걘 좀 쉬어도 괜찮아.

A: We should have arrived an hour ago. 우리는 한시간 전에 도착했어야 했는데.
B: **It's okay that** we are late. 늦어도 괜찮아.

PATTERN
031

It's all right~

…하는 것은 괜찮아

all right은 '마음에 드는,' '괜찮은,' '좋은'이라는 의미로 be all right하면 be good, be fine, be okay와 같은 의미이다.

핵심패턴

- ✓ **It's all right to~** …해도 괜찮아
- ✓ **It's all right for sb to~** …가 …해도 괜찮아
- ✓ **It's all right with sb[sth] (if S+V)** (…해도) …에게 괜찮아
- ✓ **It's all right if S+V** …해도 괜찮아

💬 Speak like this!

① **It's all right to** help yourself to food. 이제 음식을 갖다 드셔도 돼요.

② **It's all right to** ask her on a date. 걔한테 데이트를 신청해도 괜찮아.

③ **It's all right if** they borrow it. 그거 빌려가도 돼.

④ **It's all right with Sara if** you meet her later.
네가 나중에 새라를 만나도 걔는 괜찮아.

⑤ **Is it all right if** I come? 내가 가도 괜찮아?

| Real-life Conversation |

A: Todd and Marta want to use your computer.
토드와 마르타가 네 컴퓨터를 쓰고 싶어해.

B: **It's all right if** they borrow it. 그거 빌려가도 돼.

A: Can I bring a friend to your house? 네 집에 친구 하나 데려가도 돼?

B: Sure, **it's all right if** you do that. 그럼, 그렇게 해도 돼.

52

It's is possible~

…하는 것은 가능해

"…할 가능성이 있느냐?"고 물어볼 때는 Is it possible to+V[(that) S+V]~?, 가능할 수도 있다고 하려면 It is possible to+V[(that) S+V]~라고 하면 된다. 물론 반대로 불가능하다고 말하려면 possible 대신에 impossible을 사용하면 된다.

 핵심패턴

> ✓ **It's possible (for sb) to+V~** (…가) …하는 것은 가능해
> ✓ **It's possible that S+V** …일 수가 있어
> ✓ **Is it possible to+V~ ?** …하는 것이 가능해?
> ✓ **Is it possible that S+V?** …일 수도 있어?

💬 Speak like this!

① **It's possible to** go outside for lunch. 점심 나가서 먹어도 가능해.

② **It's possible for Chris to** continue studying.
크리스가 계속 공부하는 것은 가능해.

③ **It's possible** he will come back. 걔가 다시 돌아올지도 몰라.

④ **It is possible that** Tom gave him the idea.
탐이 걔에게 그 아이디어를 주었을 수도 있어.

⑤ **Is it possible** you just didn't see her? 네가 걜 보지 못했을 수도 있어?

Real-life Conversation

A: I'm really tired of working. 정말이지 일하는데 지쳤어.

B: Okay. **It's possible to** come back tomorrow. 좋아. 내일 돌아와도 돼.

A: **Is it possible to** write a book? 책을 쓰는게 가능해?

B: I think it would take a long time to complete.
완성하는데 시간이 많이 걸릴거야.

PATTERN
033

It is important ~

···하는 것은 중요해

진주어로 that절이 오는 경우이다. It is 다음에는 important 외에 true, clear, 혹은 obvious 등으로 바꿔써 보면서 여러 문장을 만들어본다.

핵심패턴

- ✓ **It's important to+V[S+V]** ···하는 것이 중요해
- ✓ **It's true that S+V** ···은 사실이야
- ✓ **It's obvious that S+V** ···은 분명해
- ✓ **It's clear that S+V** ···은 확실해

💬 Speak like this!

① **It's important for you to** be respectful. 네가 예의를 차리는게 중요해.

② **It's important that** you tell us the truth. 네가 진실을 말하는 것이 중요해.

③ **It's important that** you trust your boss. 네 상사를 믿는다는 게 중요해.

④ **It's obvious that** he knows something. 걘 뭔가 알고 있는 게 틀림없어.

⑤ **It's clear that** we have to do something. 뭔가를 해야만 한다는 건 분명해.

Real-life Conversation

A: **It's obvious that** he knows something. 걔가 뭔가 알고 있는 게 틀림없어.

B: What makes you think so? 어째서 그렇게 생각해?

A: That would be hard. Really hard. 그건 정말 힘들거야. 정말로 말야.

B: I think **it's important that** you try. 난 네가 시도해보는게 중요하다고 생각하는데.

54

It's not ~ S+V

…하는 것은 …가 아냐

It's~ 다음에 형용사가 아니라 fault, job 등의 명사도 나오는 경우이다.

핵심패턴

✔ **It's not my fault that S+V** …한 것은 내 잘못이 아냐
✔ **It's not my job that S+V** …하는 것은 내 일이 아냐

💬 **Speak like this!**

1. **It's not my fault that** I'm late. 늦은 건 내 잘못이 아냐.
2. **It's not my job to** keep track of them. 그것들을 기록해두는 것은 내 일이 아냐.
3. **It's not my fault that** she got angry. 걔가 화가 난 것은 내 잘못이 아냐.
4. **It's my fault that** the packages weren't sent.
   그 소포가 발송되지 않은 것은 내 책임이야.
5. **It's my job to** train new employees. 신입직들 교육시키는게 내 일이야.

Real-life Conversation

A: You are late for class. 수업에 늦었구나.

B: **It's not my fault** I'm late. The bus broke down.
   지각한 건 제 잘못이 아니에요. 버스가 고장났었다구요

A: **It's your turn to** clean up the meeting room.
   이번에 네가 회의실을 청소할 차례야.

B: Okay, I'll get started in a few minutes. 알았어. 조금 후에 시작할게.

PATTERN
035

It's time~

…할 때이야

It's time (for+사람) to+V[(that) S+V]라는 표현으로, "…할 시간이 되었다"라는 의미. 하지만 시간의 순서상 "…할 차례가 되었다"는 것이 아니라 의당 벌써 했어야하는 일인데 좀 늦은 감이 있다라는 뉘앙스를 풍기는 표현이다.

핵심패턴

- ✓ **It's time for[to]~** …할 때가 됐어
- ✓ **It's time to+V~** …할 때가 됐어
- ✓ **It's time that S+V(과거)** 이제 …해야 될 때야

💬 Speak like this!

① **It's time to** go to work. 이제 일하러 가야지.

② **It's time to** open the presents! 저 선물들을 열어봅시다!

③ **It's time for you to** find a wife. 너 이제 결혼할 때잖아.

④ **It's high time** our families got together. 우리 가족들이 함께 해야 할 때이야.

⑤ **It's time that** he gets himself a job. 이제 직장을 잡아야 하는 때이네.

Real-life Conversation

A: Are you getting ready to leave? 나갈 준비됐어?
B: **It's time for me to** go home to bed. 난 집에 가서 자야되는 시간인데.

A: Did you hear that Bernie is graduating? 버니가 졸업한다는 이야기 들었어?
B: **It's time that** he gets himself a job. 이제 직장을 잡아야 하는 때이네.

It +V

그건 …해

It~ 다음에는 be동사 뿐만 아니라 일반동사들도 올 수가 있다. 그중에서 눈, 코, 입 등으로 느끼는 감각을 표현하는 It looks~, It smells~의 경우에는 종종 주어인 'It'을 생략하기도 한다.

핵심패턴

✓ **It+V** 그건 …해

✓ **It doesn't+V** 그건 …하지 않아

💬 Speak like this!

① **It hurts.** 아파.

② **It works.** 효과가 있네.

③ **It doesn't work.** 효과가 없네.

④ **It doesn't matter.** 그건 중요하지 않아[상관없어].

⑤ **It smells** delicious[good] 맛있는 냄새가 나네.

Real-life Conversation

A: What is wrong with this flashlight? 이 플래쉬 뭐가 문제야?

B: **It doesn't work** without batteries. 밧데리가 없어 작동이 안돼.

A: Merv may not have time to visit us. 머브는 우리를 찾아올 시간이 없을 수도 있어.

B: **It doesn't matter** if he comes or not. 걔가 오건 말건 중요하지 않아.

PATTERN
037

It takes~

…가 필요해

바로 앞에서 언급한 It+일반동사의 대표적인 문형. It takes+명사는 시간이 얼마만큼 '걸리다'라고 할 때 뿐만 아니라 사람, 노력, 공간 등 뭔가 하기 위해서 '필요로 하는' 경우를 말할 때도 많이 쓰인다.

- ✓ **It takes+시간명사+to+V** 시간이 …걸려
- ✓ **It takes+일반명사+to+V** …하는데 …가 필요해
- ✓ **It took+시간+to+V** …하는데 시간이 …걸렸어

💬 Speak like this!

① **It takes about 1 hour to** get to work. 출근하는 데 1시간 정도 걸려.

② **It takes a month to** review them all. 그것들을 다 검토하는데 한 달 걸려.

③ **It took a year to** get over him. 걔 잊는데 일년 걸렸어.

④ **It takes courage to** do so. 그러려면 용기가 필요해.

⑤ **It takes a lot of focus to** be good. 잘하려면 꽤나 집중을 해야 해.

Real-life Conversation

A: How far do you live from your office? 직장에서 얼마나 떨어진 곳에 살아요?
B: **It takes about 1 hour to** get to work. 출근하는 데 1시간 정도 걸려요.

A: **It takes two men to** do this job. 이 일을 하려면 두 사람이 필요해.
B: We'd both better work on it. 우리 둘이 하면 되겠네.

It seems~

…인 것 같아

자신의 의견을 부드럽게 말할 때 꼭 필요한 표현으로 뒤에는 절이 오기도 하고, 형용사나 명사가 오기도 한다. seems 다음에 to me를 삽입하여 It seems to me~ 하면 '개인적인 견해'라는 점을 강조할 수도 있고, 또한 seems 다음에 like를 넣어 It seems like~라고 하면 좀 더 완곡하게 내용을 전달할 수도 있다.

핵심패턴

- ✓ **S seems+형용사** …해 보여
- ✓ **It seems that S+V** …인 것 같아
- ✓ **It seems to me that S+V** 내 생각에 …인 것 같아
- ✓ **It seems like+N** …인 것 같아
- ✓ **It's seems like that S+V** …인 것 같아

💬 Speak like this!

① **It seems** I have lost my wallet. 지갑을 잃어버린 것 같아.

② **It seems that** you've got a problem. 문제가 있는 것 같군요.

③ **It seems to me** she doesn't love you. 내 생각에 걘 널 사랑하지 않는 것 같아.

④ **It seems like** yesterday that she was a kid.
걔가 꼬마였을 때가 엊그제 같은데.

⑤ **It seems like** it's time to break up with her. 걔랑 헤어질 때가 된 거 같은데.

Real-life Conversation

A: Why do you fight so much with your husband?
남편하고 왜 그렇게 많이 싸워?

B: It seems that he's always busy. 항상 바쁜 것 같아서.

A: Have you looked at their investment plan? 그쪽의 투자전략은 훑어봤어?

B: Yeah. It seems like a good idea. 응. 좋은 생각인 것 같아

It looks like~

…처럼 보여

뭔가 단정적으로 말하지 않고 조심스럽게 말하기 위한 장치로 앞의 seem like의 경우는 like가 들어가도 되고 안 들어가도 되는 반면 look like에서는 반드시 like가 들어가야 된다는 것을 구분해 기억해두어야 한다. 구어체에서는 'it'을 생략해 Looks like~로 쓰기도 한다.

- ✔ **look+형용사** …처럼 보여
- ✔ **(It) Looks like+N** …같아, …처럼 생겼어
- ✔ **(It) Looks like S+V** …인 것 같아
- ✔ **(It) Looks as if S+V** …인 것 같아

💬 Speak like this!

① **It looks like** it will rain. 비가 올 것 같아.

② **Looks like** I was right, and you were wrong.
내가 맞았고 네가 틀렸던 것 같아.

③ **It looks like** he is not very educated. 걔는 그렇게 교육을 많이 받지 못한 것 같아.

④ **It looks like** your book is a bestseller. 네 책이 베스트셀러인 것 같아.

⑤ **It looks as if** you're expecting someone for dinner.
네가 저녁식사 같이 할 사람을 기다리는 것처럼 보여.

Real-life Conversation

A: **It looks like** you are feeling good today. 너 오늘 기분 좋아보여.

B: You make me happy when you smile. 네가 미소를 지을 때면 난 행복해져.

A: **It looks like** you enjoy school activities.
네가 학교 활동을 즐겁게 하는 것 같아 보여.

B: I have a lot of fun with my high school friends.
난 고등학교 친구들과 무척 재미있게 지내.

PATTERN
040

It sounds like~

…하는 것 같아

Sounds like~ 또한 단정짓지 않고 「…하는 것 같아」라고 할 때 쓰는 패턴이다.

핵심패턴

- ✓ **(It) Sounds+형용사** …인 것 같아
- ✓ **(It) Sounds like +N** …인 것 같아
- ✓ **(It) Sounds like S+V** …인 것 같아

💬 Speak like this!

① **Sounds like** you spent a lot of time with her.
너 걔와 시간을 많이 보내는 것 같아.

② **Sounds like** he was a good cop once. 걔가 한때는 좋은 경찰이었던 것 같네.

③ **Sounds like** a problem. 문제가 있어 보이는데.

④ **Sounds like** a lot of fun. 굉장히 재미있겠다.

⑤ **Sounds like** you need a new mouse. 새 마우스가 필요하다는 얘기 같은데.

Real-life Conversation

A: If you get some beer, I will buy a pizza. 네가 맥주를 사온다면 내가 피자를 사지.
B: **Sounds** good to me. 그게 좋겠다.

A: Let's go out. I'll show you around the city. 나가자. 도시를 구경시켜줄게.
B: **Sounds like** fun. 재미있겠는걸.

61

It's going to~

…할거야

It's going to~다음에 be동사나 일반동사가 오는 경우로 역시 /잇츠거너/까지는 한 묶음으로 입에 달달 달아놓는다.

핵심패턴

- ✓ **It's going to be~** …일거야
- ✓ **It's going to+V** …할거야

💬 Speak like this!

① **It's going to** be okay[fine]. 잘 될거야, 괜찮을거야.

② **It's going to** make a difference. 차이가 있을거야.

③ **It's going to** be a crazy night. 광란의 밤이 될거야.

④ **It's not gonna** be that easy. 그렇게 쉽지 않을거야.

⑤ **It's gonna** make you feel better. 그 때문에 네 기분이 좋아질거야.

Real-life Conversation

A: Does this train go to Chicago? 이 기차 시카고로 가나요?

B: No, **it's going to** go to New Orleans. 아뇨, 뉴올리언즈로 가는 건데요.

A: I have no choice but to pay her the money. 걔한데 돈을 갚을 수밖에 없어.

B: **It's going to** be really expensive. 돈이 정말 많이 들텐데.

This is~

…야

This is~ 다음에는 만질 수 있는 '구체적인 사물' 뿐 아니라 '추상적인 사물,' '사건' 등을 나타내는 명사도 올 수 있다.

핵심패턴

- ✓ **This is+사람** 이 사람은 ..야
- ✓ **Is this+사람?** 이 사람은 …야?
- ✓ **This is+N** 이건 …야
- ✓ **Is this+N?** 이건 …야?
- ✓ **Is this for~?** 이건 …하기 위한거야?

💬 Speak like this!

① **This is** my[your] last chance. 이번이 내겐[너에겐] 마지막 기회야.

② **This is** my treat. 이건 내가 낼게. (음식값 계산)

③ **This is not** my style. 이건 내 취향이 아냐.

④ **This is** a great place 근사한 곳이네요.

⑤ **This is** a great party. 훌륭한 파티네요.

Real-life Conversation

A: This is Bob's favorite food, but I don't like it.
이건 밥이 좋아하는 음식이지만 난 별로야.

B: Well, do you want to eat something else? 그럼. 뭐 다른 거 먹고 싶어?

A: This is a great place. 근사한 곳이네요.

B: I'm glad you liked it. My parents own it.
맘에 드신다니 기쁘네요. 저희 부모님 가게예요.

This is the ~est I've ever seen[had]

이렇게 …한 건 처음이야

This is~ 다음에 '최상급 표현(the+-est) +ever'또는 '최상급 표현+I've ever+과거분사' 형태가 오면 「지금껏 했던 것 중 가장 …한 것」, 즉 「이렇게 …한 건 처음이야」라는 뜻이 된다.

핵심패턴

- ✔ **This is the ~est ever** 이렇게 …한 것은 처음이야
- ✔ **This is the ~est I've ever seen[had]**
  지금껏 했던 것 중 가장 …한 것이야

💬 Speak like this!

① **This is the worst date ever.** 이건 이제껏 했던 것 중에 최악의 데이트야.

② **This is the** happiest day **I've ever had.** 이렇게 행복했던 날은 처음이야.

③ **This is the best birthday party ever.** 이제까지 이렇게 멋진 생일파티는 없었어.

④ **This is the** best movie **I've ever seen.** 이렇게 재밌는 영화 처음 봐.

⑤ **This is the** cutest thing **I've ever seen.** 이렇게 귀여운 것을 본 적이 없어.

Real-life Conversation

A: I have to go. **This is the worst date ever.** 나 갈래. 이건 정말 최악의 데이트야.

B: Why are you so angry? 왜 그렇게 화가 난 건데?

A: **This is the** best movie **I've ever seen.** 이렇게 재미있는 영화는 처음 봐.

B: Really? I think it's kind of silly. 정말? 난 좀 말도 안되는 것 같은데.

This is ~

···해

This is 다음에도 형용사 그리고 형용사 역할을 하는 준형용사인 동사의 ~ing, -ed형, 즉 분사가 올 수 있다. This is amazing!(놀라운걸!), This is so unfair!(너무 불공평해!)와 같이 자신의 느낌이나 감정을 표현할 때 유용하게 쓰인다.

핵심패턴

- ✓ **This is+형용사** ···해
- ✓ **This is ~ing** ···해
- ✓ **Is this+형용사?** ···해?

💬 Speak like this!

① **This is** unbelievable. 이건 믿을 수 없는 일이야.

② **This is** ridiculous. 이러는 거 우스워[이건 말도 안돼].

③ **This is** really important to me. 이건 나한테 굉장히 중요한 일이야.

④ **This is so** unfair. 이건 정말 불공평해.

⑤ **This is** boring. 이건 따분한 일이야.

Real-life Conversation

A: It's snowing outside. 밖에 눈와.

B: In the middle of April? **This is** unbelievable! 4월 중순에? 말도 안돼!

A: Wow, he hit a home run. **This is so** exciting.
이야, 저 선수가 홈런을 쳤군. 이거 정말 흥미진진한걸.

B: Yeah, now the score is tied. 그래. 이제 동점이네.

This is what S+V

이게 바로 …가 …하는거야

'This is what S+V'의 형태로 「이게 바로 주어가 …하는거야」라고 하는 표현이다. 과거형을 써서 This is what I 'wanted' to do라고 하면 「원하던 일이야」, 「바라던 바야」라는 말이 된다.

핵심패턴

- ✔ **This is what S+V** 이게 바로 …가 …하는거야
- ✔ **This is not what S+V** 이게 바로 …가 …하지 않는거야
- ✔ **Is this what S+V?** 이게 바로 …가 …하는거야?

💬 Speak like this!

① **This is what** I want to do. 이게 바로 내가 하고 싶은 일이야

② **This is what** you have to do. 이게 바로 네가 해야 할 일이야.

③ **This is what** I'm trying to say. 이게 바로 내가 지금 얘기하려는거야.

④ **This is not what** I ordered. 이건 내가 주문한 게 아닌데

⑤ **This is not what** I was thinking of. 이건 내가 생각했던게 아냐.

Real-life Conversation

A: I'm glad we're going to Hawaii. 하와이로 가게 되다니 기뻐.

B: Me too. **This is what** I wanted to do. 나도 그래. 내가 바라던 바거든.

A: Waiter! **This is not what** I ordered. 종업원! 이건 내가 시킨게 아닌데요.

B: I'm sorry, sir. I'll bring you the right food.
죄송합니다, 손님. 주문하신 음식을 가져오겠습니다.

This is why S+V

이게 바로 …가 …하는 이유야

'This is why S+V'의 형태로 「이게 바로 주어가 …하는 이유야」, 「그래서 주어가 …하는거야」라는 의미의 표현들을 만들어본다.

핵심패턴

- ✓ **This is why S+V** 바로 그래서 …해
- ✓ **Is this why S+V?** 바로 이래서 …하는거야?

💬 Speak like this!

① **This is why** you need to exercise. 이게 바로 네가 운동을 해야 하는 이유야.

② **This is why** she doesn't date tall guys.
이래서 걔가 키 큰 남자들하고 데이트하지 않는 거라구.

③ **This is why** I told you about that. 이래서 내가 너한테 그 얘길 했던거야.

④ **Is this why** she isn't at the wedding? 이래서 걔가 결혼식에 오지 않은거야?

⑤ **Is this why** you wanted to see me? 이래서 네가 나를 보고 싶어했던거야?

Real-life Conversation

A: I have no energy and feel sick. 나 힘이 하나도 없고 메슥거려.

B: This is why you need to exercise. 이래서 네가 운동을 해야 하는거야.

A: That guy is too tall, and his girlfriend is too short… They look odd.
저 남자는 너무 크고 여자는 너무 작네…. 이상해보여.

B: This is why I don't go out with tall guys.
이래서 내가 키 큰 남자들하고 데이트 안하는거야.

This is going to ~

이건 …하게 될거야

일이나 사건 등을 가리키는 This가 온 경우로 This is going to+동사 하면 「이 일은 …한 일이 될거야」라고 앞으로의 상황을 예측하는 표현이 된다.

핵심패턴

✓ **This is going to be~** …일거야
✓ **This is going to+V** …할거야

💬 Speak like this!

① **This is going to** be so much fun. 굉장히 재밌을거야.

② **This is going to** be harder than you thought.
네가 생각했던 것보다 더 힘들거야.

③ **This is going to** sound selfish. 이기적으로 들릴거야.

④ **This is going to** look ridiculous. 우스꽝스럽게 보일거야.

⑤ **This is going to** sound really stupid. 정말 바보같은 소리로 들릴거야.

Real-life Conversation

A: Let's work on the project together. 그 프로젝트 같이 하자.

B: OK. **This is going to** be so much fun. 좋아. 굉장히 재미있을거야.

A: **This is going to** sound crazy. Will you marry me?
말도 안되는 소리 같겠지만, 나랑 결혼해줄래?

B: No way! That's a ridiculous idea! 말도 안돼! 정말 엉뚱한 생각이네!

PATTERN
048

This is my first ~

이건 내가 처음 …하는거야

자신이 처음 한 경험을 말할 때 사용하는 패턴. 상대방에게 '이번이 처음이냐?'라고 관심을 보이며 질문할 때는 Is this your first+N～?의 패턴을 이용한다. 명사자리에는 visit, date 등 궁금한 내용의 명사를 써본다.

핵심패턴

- ✓ **This is my first+N** 이게 나의 처음 …야
- ✓ **This isn't my first+N** 처음으로 내가 …하는 것은 아냐
- ✓ **Is this your first+N?** 이게 처음으로 …하는거야?

💬 Speak like this!

① **This is my first** cup of coffee today. 이게 오늘 커피 처음 마시는거야.

② **This is my first** chance to earn money.
이번이 내가 돈을 버는 첫번째 기회이야.

③ **Is this your first** trip to Japan? 일본여행은 처음이신가요?

④ **Is this your first** speech in public? 사람들 앞에서 처음 연설하는거죠?

⑤ **Is this your first** date with Lisa? 리사하고 처음 데이트하는거지?

Real-life Conversation

A: **Is this your first** visit to America? 이번이 미국에 처음 오신 건가요?
B: Yes. It's also my first trip abroad. 네. 처음 해외 여행 온 것이기도 하죠.

A: **Is this your first** attempt at bungee jumping? 번지점프 처음이신가요?
B: Actually, it's my third time. But whenever I try to jump, I get scared. 실은 이번이 세번째인데, 뛸 때마다 무섭네요.

69

This is my first time to~

…하는게 난 처음이야

명사자리에 time을 써서 Is this your first time to+동사~?로 궁금한 내용을 to 이하에 말하기도 한다. Is this your first time~ 다음에 다양한 to+V를 넣어본다.

핵심패턴

- ✓ **This is my first time to+V** …하는 것은 처음이야
- ✓ **This isn't my first time to+V** …하는 것은 처음이 아냐
- ✓ **Is this your first time to+V?** …하는게 처음이야?

💬 Speak like this!

① **This is my first time to** come here. 난 여기 오는 건 처음이야.

② **This is my first time** in your new apartment.
이번이 네 새 아파트에 처음 오는거야.

③ **Is this your first time to** try Korean food? 한국음식 처음 드셔보세요?

④ **Is this your first time to** meet Julie? 줄리를 만나는거 이번이 처음인가요?

⑤ **Is this your first time to** play golf? 골프 처음 쳐보는 건가요?

Real-life Conversation

A: What is this? 이건 뭐야?

B: A taco. **Is this your first time to** try Mexican food?
타코라고 해. 멕시코 음식 먹어보는 건 이번이 처음이니?

A: **Is this your first time to** meet Julie? 줄리를 만나는거 이번이 처음이야?

B: No, but I don't know her very well. 처음은 아니지만 그리 친하지는 않아.

PATTERN
050

That's ~

…야, …해

상대방의 말에 대해서 맞다든가 그건 아니라든가 안됐다든가 등등의 의견이나 느낌을 얘기할 때는 That is ~의 형태로 말하는 것이 일반적이다. That is~ 다음에 다양한 형용사나 전치사구를 넣어본다.

핵심패턴

- ✓ **That's+형용사[전치사구]** …해
- ✓ **That's not +형용사[전치사구]** …하지 않아
- ✓ **Is that+ 형용사[전치사구]?** …해?

💬 Speak like this!

① **That's** all right. 괜찮아.

② **That's** great. 근사한걸.

③ **That's so** sweet. 고맙기도 해라.

④ **That's too** bad. 정말 안됐다.

⑤ **That's not** true. 사실이 아니야.

Real-life Conversation

A: I heard that you wrote a book. 책을 한 권 쓰셨다고 들었는데요.
B: **That's** right. It was a mystery novel. 맞아요. 미스터리 소설이었죠.

A: Why don't we get married? 우리 결혼하면 어떨까?
B: Never. **That's** out of the question. 싫어. 그건 절대 안돼.

That's ~

그게 …야

That is~ 다음에 '명사'가 들어간 문형. 특히 실생활 회화에서 무척 많이 쓰이는 That's it!도 바로 여기에 해당되는 표현이다. 억양에 따라 「바로 그거야」, 「이게 다야」 등 다양한 의미를 나타낸다.

핵심패턴

- ✓ **That's +N** 그게 …야
- ✓ **That's not +N** 그게 …가 아냐
- ✓ **Is that +N?** 그게 …야?

💬 Speak like this!

① **That's not** the point. 요점은 그게 아니잖아.

② **That's** a rip-off. 그건 바가지야.

③ **That's** it. 그게 다야[바로 그거야].

④ **That's my** favorite. 그건 내가 좋아하는 건데.

⑤ **That's** the problem. 그게 문제야.

Real-life Conversation

A: The new computer will cost five thousand dollars.
새 컴퓨터가 5천 달러야.

B: **That's** a rip-off. 그거 바가지다.

A: Let's stop working and finish this tomorrow. 그만 일하고 내일 마무리하자.

B: **That's** a good idea. I'm tired. 좋은 생각이야. 나 피곤해.

That is what S+V

그게 바로 …하는거야

This is what~ 의 경우와 마찬가지로 That is~ 다음에도 what이나 why 등으로 시작하는 명사절을 붙일 수 있다. 먼저 상대방이 언급한 내용을 That으로 받고 뒤에 'what+주어+동사~'의 명사절을 만들어 보자.

핵심패턴

- ✓ **That's what~** 그게 바로 …하는거야
- ✓ **That's not what~** 그게 바로 …하지 않는거야
- ✓ **Is that what~ ?** 그게 바로 …하는거야?

💬 Speak like this!

① **That's what** I was looking for. 그게 바로 내가 찾고 있던거야.

② **That's exactly what** I'm trying to say. 내가 말하려는 게 바로 그거라구.

③ **That's not what** I meant. 내 말은 그게 아니야.

④ **That's not what** I want to hear. 내가 듣고 싶은 말은 그게 아냐.

⑤ **That's what** I'm going to do. 내가 하려고 하는 일이 바로 그거야.

Real-life Conversation

A: Do you think he's cruel? 넌 걔가 인정사정 없다고 생각하니?

B: **That's not what** I meant. I think he's selfish.
내 말은 그게 아니야. 걔가 이기적인 것 같다구.

A: You want to rent a small apartment? 작은 집에 세들고 싶다는거죠?

B: Yes. **That's what** I'm looking for. 네. 그게 바로 제가 찾고 있는 겁니다.

73

That's why~

바로 그래서 …해

주어인 That이 바로 「이유」가 되므로 why 다음에는 그 이유에 따른 '결과'가 나온다. That's why~와 반대인 That's because~에서는 That이 '결과가 되는 행동'이고 because 다음에는 '이유'가 나온다.

- ✓ **That's why~** 바로 그래서 …해
- ✓ **That's because~** 바로 그 때문에 …해

💬 Speak like this!

① **That's why** I want to go there. 그게 바로 내가 거기 가고 싶어하는 이유야.

② **That's why** we're here. 그게 바로 우리가 여기 온 이유야.

③ **That's why** he's so tired all the time. 그래서 걔가 늘 그토록 피곤한거야.

④ **That's because** he did a great job. 그 사람이 일을 잘 했으니까 그렇지.

⑤ **That's because** she is busy right now. 그 여잔 지금 바쁘니까 그렇지.

Real-life Conversation

A: I can't clean up this place alone. 나 혼자서는 여기 못 치워.

B: **That's why** we're here. We'll help you. 그래서 우리가 왔잖아. 우리가 도와줄게.

A: You never fixed the broken window in your car.
차에 깨진 유리창을 안바꿨네.

B: **That's because** I don't have enough money. 그야 그럴 돈이 없으니까.

74

That will~

…일거야

앞으로의 일을 말할 때는 That~ 다음에 미래 조동사 will이나 가정법 동사 would를 사용한다. 특히 That would be~는 「그렇게 된다면」이라는 조건절이 생략된 가정법문장으로 아직 일어나지 않은 미래의 일이나 상상을 말할 때 사용하면 된다.

 핵심패턴

> ✓ **That will~** …일거야
> ✓ **That would be+형용사[N]** …할거야

💬 Speak like this!

① **That will** be fine. 괜찮을거야.

② **That would be** perfect for us. 우리한테는 딱일거야.

③ **That would be** so exciting. 굉장히 흥미진진할거야.

④ **That would be** a good idea. 그게 좋겠다.

⑤ **That would be** an important part of it. 그 일에선 그게 중요한 부분일거야.

Real-life Conversation

A: Let's go to Venice during summer vacation. 여름휴가 동안 베니스에 가자.
B: **That would be** romantic. 낭만적이겠다.

A: I'll take care of your cat when you're on vacation.
네가 휴가를 가면 네 고양이를 맡아줄게.
B: **That would be** a big help. 그래주면 크게 도움이 될거야.

That+V

…해

this나 that 등의 사물을 가리키는 대명사 주어 뒤에는 흔히 be동사가 오지만, 일반동사가 오는 경우도 꽤 볼 수 있다.

✓ **That+V** …해

💬 Speak like this!

① **That makes** sense. 그거 말되네.

② **That doesn't make** sense. 그건 말도 안돼.

③ **That depends.** 사정에 따라 달라져.

④ **That reminds** me. 그걸 보니[그 말을 들으니] 생각나는 게 있네.

⑤ **That explains** it. 그말을 들으니 이해가 되네.

Real-life Conversation

A: Can you attend the conference? 총회에 참석할 수 있어요?
B: **That depends.** I may be busy. 상황이 어떠냐에 달려있지요. 바쁠지도 모르거든요.

A: The power went out because of the storm. 폭풍우 때문에 정전이 됐어요.
B: **That explains it.** I wondered why the computer wouldn't work.
그래서 그런 거였구나. 왜 컴퓨터가 작동 안되나 했죠.

Here is[are]+명사

자 여기 …있어

「이거 받아, 너 주려는 거야」, 「이거 너 줄려고」라는 패턴. 물건 · 정보 등을 건네며 「자, 여기 있어」라는 의미로 하는 말이다. 단수명사의 경우에는 Here "is", 복수명사의 경우에는 Here "are" 를 쓰면 된다.

✓ **Here is+N** 자 여기 …있어
✓ **Here are+N** 자 여기 …있어

💬 Speak like this!

① **Here's** your change and receipt. 자. 여기 거스름돈과 영수증이요.

② **Here's** your order. 주문하신 음식 나왔습니다.

③ **Here's** good news for you. 너한테 좋은 소식 있어.

④ **Here are** the papers you asked for. 부탁하신 서류 여기있어요.

⑤ **Here's** my business card. 이거 제 명함이에요.

Real-life Conversation

A: I'll give you the money for the tickets. 티켓 값 드리겠습니다.

B: Thank you. **Here's** your change and receipt.
감사합니다. 여기 거스름돈과 영수증이요.

A: **Here's** my card. Call me at this number. 제 명함입니다. 이 번호로 전화하세요.

B: Okay. When is a good time for you to talk?
알겠습니다. 언제가 통화하기 편한 시간인가요?

Here~

여기 …

「자 받아」, 「여기 있어요」라는 말이다. 'Here S+V'의 문형으로 V의 자리에는 be, go, come의 동사가 주로 온다.

핵심패턴

✔ **Here S+V** 여기 있어, 자 받아

💬 Speak like this!

① **Here you are.** 자 여기 있어, 자 받아

② **Here we are.** 드디어 도착했다. 자, 여기있다.

③ **Here we go.** 시작해볼까, 자, 여기있다.

④ **Here it is.** 자, 받아.

⑤ **Here it comes.** 자, 받아, 또 시작이군.

Real-life Conversation

A: **Where is your new girlfriend?** 새로 사귄 여자친구는 어딨어?

B: **Here she comes. I'll introduce you.** 지금 오네. 소개시켜줄게.

A: **It's 20 dollars and 50 cents. By cash or credit card?**
20달러 50센트입니다. 현금으로 내시겠습니까, 카드로 내시겠습니까?

B: **Uh… cash, please. Here you are.** 어, 현금으로요. 여기 있어요.

There is~

…가 있어

사람은 물론 유형 · 무형의 사물이 「있다」라고 할 때 쓰는 표현으로 뒤에 단수명사(셀 수 없는 명사 포함)가 오면 There is~를, 복수명사가 오면 There are~를 써주어야 한다.

 핵심패턴

- ✓ **There is~** …가 있어
- ✓ **Is there~ ?** …가 있어?

💬 Speak like this!

① **There's** a phone call for you. 너한테 전화가 와 있어.

② **There's** a gas station on the corner. 길모퉁이에 주유소가 있어요.

③ **There's** only one way to get there. 거기 가는 길은 딱 하나야.

④ **Is there** any problem? 무슨 문제라도 있나요?

⑤ **Is there** a restaurant nearby? 근처에 식당이 있나요?

Real-life Conversation

A: **There's** a phone call for you. 전화 왔어요.

B: Thank you. I'll take it in my office. 고마워요. 내 사무실에서 받을게요.

A: **Isn't there** a short cut to get home? 집으로 가는 지름길은 없어?

B: No, **there's** only one way to get there. 없어. 가는 길은 딱 하나야.

PATTERN
059

There are~

…가 있어

There are~ 다음에 다양한 복수 명사를 넣어보면 문장을 만들어본다.

핵심패턴

- **There are~** …가 있어
- **Are there~?** …가 있어?

💬 Speak like this!

① **There are** cute girls at the bar. 바에 예쁜 여자애들이 있어.

② **There are** a lot of reasons for that. 거기에 대한 이유라면 많아.

③ **There are** a few things you should know. 네가 알아야 할 것들이 몇 가지 있어.

④ **Are there** cheaper ones in the store? 가게 안에 좀 더 싼 게 있나요?

⑤ **There are** many things to think about. 생각할 것들이 많이 있어.

Real-life Conversation

A: **There are** cute girls at the bar. 바에 예쁜 여자애들이 있어.

B: Let's go over and introduce ourselves. 가서 우리 소개를 하자.

A: Why did you change your major at university? 대학에서 전공을 왜 바꿨어?

B: **There are** many reasons for that. 여러 가지 이유가 있어.

There

자…

「자 받아」, 또는 「거봐 내가 뭐랬어」라고 할 때 쓰는 표현이다. 'There S+V' 역시 앞의 Here S+V와 더불어 일상 생활영어에서 많이 쓰이는 표현으로 잘 외워둔다.

핵심패턴

✓ **There S+V** 자…

💬 Speak like this!

① **There you are.** 자 받아, 거봐 내가 뭐랬어.

② **There you go.** 자, 받아. / 거봐, 내말이 맞지. / 그래 그렇게 하는거야.

③ **There you go again.** 또 시작이로군.

④ **There it is.** 그래 이거야! / 자, 받아.

⑤ **There he is.** 그 사람이 오네.

Real-life Conversation

A: Where is my notebook? 내 노트북 어디 있지?

B: **There it is.** You are too disorganized. 저기 있네. 넌 너무 정리를 안하는구나.

A: These are the books you requested. **There you go.**
요청하신 책들입니다. 자 받으세요.

B: Thank you for your help. 도와주셔서 감사합니다.

1 This is going to~ 다음에 다양한 동사를 넣어보자.

1. 우스꽝스럽게 보일 거야(look ridiculous)

2. 큰 불행일거야(be a disaster)

3. 이건 힘들거야(be tough)

> 정답 1. This is going to look ridiculous 2. This is going to be a disaster 3. This is going to be tough

2 That is~ 다음에 다양한 명사를 넣어보자.

1. 거저나 마찬가지예요, 정말 싸구나(a steal)

2. 그건 사실이야, 맞는 말이야(the truth)

3. 그게 핵심은 아니지, 그런 문제가 아냐(the main point)

> 정답 1. That's a steal 2. That's the truth 3. That's not the main point

3 That's what~ 다음에 다양한 문장을 넣어보자.

1. 나도 그렇게 생각했어(I thought)

2. 내 말이 바로 그거야(I'm saying)

3. 그건 네 생각이고(you think)

> 정답 1. That's what I thought 2. That's what I'm saying 3. That's what you think

4 That's why~ 다음에 다양한 문장을 넣어보자.

1. 그래서 그게 아주 특별한거야(special)

2. 바로 그래서 내가 여기 있는거야(I'm here)

3. 그래서 내가 C를 받았어(got a C)

> **정답** 1. That is why it is so special 2. That's why I'm here 3. That's why I got a C

5 That's because~ 다음에 다양한 문장을 넣어보자.

1. 걔가 여기서 일을 잘해서 그래(do a good job)

2. 내가 매우 화가 나서 그래(feel angry)

3. 지난 달에 내가 걜 차서 그래(dump her)

> **정답** 1. That's because he did a good job here 2. That's because I feel very angry 3. That's because I dumped her last month

6 It's+형용사/명사 that~ 다음에 다양한 문장을 넣어보자.

1. 우리가 휴가를 받을 때가 되었어(take some holidays)

2. 이 일을 빨리 끝내는 게 급해(finish this job)

3. 리차드가 질과 헤어진 게 사실야(break up with)

> **정답** 1. It's high time that we took some holidays 2. It is urgent that you finish this job 3. It is true that Richard broke up with Jill

패턴만 알아도 영어가 된다!

Chapter

4

S+조동사~

I can~

…할 수 있어

can은 '능력,' '가능'을 나타내는 대표적인 조동사로 「할 수 있다」라는 의미이다. 문맥에 따라서는 I can~이 「내가 상대방에게 …을 해주겠다」라고 제안하는 표현이 되기도 한다.

- ✓ **I can+V** …할 수 있어
- ✓ **I can't+V** …할 수 없어

💬 Speak like this!

① **I can** drop you off when I leave. 내가 갈 때 널 태워다 줄게.

② **I can** handle it by myself. 혼자(내 힘으로) 처리할 수 있어.

③ **I can't** believe it. 믿을 수가 없어.

④ **I can't** stop thinking about you. 네 생각이 떠나질 않아.

⑤ **I can't** watch a movie without popcorn. 난 팝콘 없이는 영화 못봐.

Real-life Conversation

A: **I can't** do this anymore. It makes me crazy.
더 이상은 이렇게 못해. 이것 때문에 미치겠다구.

B: You should take a break. 잠깐 쉬어.

A: Do you need help cleaning your kitchen? 부엌 치우는 것 도와줄까?

B: No, **I can** handle it by myself. 아니, 혼자 할 수 있어.

You can~

…해도 돼

You can~은 「넌 …을 할 수 있어」라며 상대방의 기운을 북돋아주고 싶을 때, 「…해도 좋다」, 「해도 된다」라고 상대방에게 허가를 할 때, 혹은 「…을 해라」라는 부드러운 명령문으로도 쓰인다.

핵심패턴

- ✓ **You can+V** 넌 …을 할 수 있어
- ✓ **You can't+V** 넌 …하면 안돼(금지)

💬 Speak like this!

① **You can** run faster than me. 넌 나보다 빨리 달리잖아.

② **You can** come in. 들어와.

③ **You can** call me Bill. 빌이라고 불러.

④ **You can't** smoke in here. 이 안에서는 담배 피우면 안돼.

⑤ **You can't** talk to her. 걔한테 말하면 안돼.

Real-life Conversation

A: **You can** board the plane now. 이제 비행기에 탑승해 주십시오.

B: Good. I was getting tired of waiting. 잘됐군요. 기다리는데 지쳐가는 중이었어요.

A: We're letting you go from this job. 이 일에서 자네를 해고해야겠어.

B: **You can't** do this to me. I'm a good employee.
저한테 이러실 수는 없어요. 전 성실한 직원이라고요.

Can I~ ?

…해도 돼?

Can I+V~?의 의문문은 대개 「(내가) …해줄까?」하고 제안하거나 「(내가) …해도 괜찮을까?」라고 미리 상대방의 허가를 구할 때 사용하고, Can I have+N?'의 형태는 해당 명사를 「달라고」 상대방에게 부탁하는 표현이다.

핵심패턴

- ✔ **Can I+V?** …해도 돼?
- ✔ **Can I have+N?** …할래요?

💬 Speak like this!

① **Can I** get you something? 내가 너한테 뭐 좀 갖다줄까?. 뭘 드릴까요?

② **Can I** pay by credit card? 신용카드로 계산해도 돼요?

③ **Can I** talk to you for a second? 잠깐 얘기 좀 할 수 있을까?

④ **Can I** have a subway map? 지하철 노선표 좀 보여 줄래요?

⑤ **Can I** have a bill, please? 계산서 좀 갖다 주시겠어요?

Real-life Conversation

A: **Can I** talk to you for a second? 잠깐 얘기 좀 할 수 있을까?
B: OK. What's on your mind? 그럼. 무슨 얘긴데?

A: **Can I** get a refund for this? 이거 환불해 주시겠어요?
B: Sure. Do you have a receipt? 네. 영수증 있으세요?

Can you~?

…해줄래?

Can you+V~?는 「…해달라」고 상대방에게 부탁할 때 혹은 뭔가 제안을 하면서 상대방의 의향을 물어볼 때 쓰면 된다. 좀 더 정중하게 하려면 끝에 please를 붙이거나 Could you~?를 사용하면 된다.

핵심패턴

- ✓ **Can you+V?** …해줄래?
- ✓ **Could you+V?** …해줄테야?
- ✓ **Could you please+V?** …해줄래요?

💬 Speak like this!

① **Can you** pass me the TV guide? TV가이드 좀 건네줄래?

② **Can you** come to my party on Friday? 금요일에 내가 여는 파티에 와줄래?

③ **Can you** join us? 우리랑 같이 할래?

④ **Can you** meet me on Sunday? 일요일에 만날래?

⑤ **Could you please** show me another jacket?
다른 자켓으로 보여주시겠어요?

Real-life Conversation

A: Would you like something to drink? 뭐 좀 드시겠어요?

B: **Can you** get me some water, please? 물 좀 갖다주실래요?

A: What's on TV tonight? 오늘 밤 TV에서 뭐해?

B: I don't know. **Can you** pass me the TV guide? 몰라. TV 가이드 좀 건네줄래?

May I~?

…해도 될까요?

보통 상대방의 허가를 구할 때는 Can I~?를 쓰지만, 선생님이나 직장상사 등 손윗사람·낯선 사람에게 깍듯하게 예의를 차리고 싶을 땐 May I~?를 쓴다. 대답은 Yes, you "can"이나 I'm sorry you "can't"가 일반적이다. 보통은 조동사를 그대로 받아서 대답을 하지만, 이 경우에는 Yes, you may나 No, you may not 이라고 하지 않는다. 너무 옛스럽고 딱딱한 느낌을 주기 때문이다.

- ✔ **May I+V?** …해도 될까요?
- ✔ **S may+V** …일 수도 있어

💬 Speak like this!

① **May I** come in? 들어가도 되겠습니까?

② **May I** ask you a question? 한가지 여쭤봐도 될까요?

③ **May I** have your name again? 성함을 다시 말씀해 주시겠어요?

④ **May I** have your attention, please? 주목해 주시겠습니까? (연설 시작 전에)

⑤ He **may** come here first. 걔가 여기 제일 먼저 올지도 몰라.

Real-life Conversation

A: **May I** ask you a question? 질문 하나 해도 될까요?

B: Sure. What would you like to ask me? 그럼요. 뭘 물어보고 싶은데요?

A: Susan said that I should take the job offer.
수잔 말로는 내가 이 일자리 제의를 받아 들여야 한대.

B: She **may** be right. 걔 말이 맞을지도 몰라.

I will~

…할거야

will은 '미래'를 나타내는 조동사이지만, 동시에 '주어의 의지'를 내비치는 경우가 많다. 특히 I will~이라는 표현을 썼다면 99.9% 「그렇게 하겠다.는 의지의 표출이다. 하지만 You will~의 경우에는 주어의 의지라기보다는 단순히 「너 이렇게 될걸.이라는, 앞날에 대한 언급에 지나지 않는다.

 핵심패턴

- ✓ **I will+V** …할거야
- ✓ **I won't+V** …하지 않을거야
- ✓ **I will never+V** 절대로 …하지 않을거야
- ✓ **You'll+V** 너 …하게 될거야

💬 Speak like this!

① **I'll** take this one. 이걸로 할게요. (물건을 살 때)

② **I'll** have the soup. 전 수프를 먹을게요. (음식을 주문할 때)

③ **I'll** do my best. 최선을 다할게요.

④ **You'll** be in trouble if it rains. 비가 오면 난처해질텐데.

⑤ **I won't** let it happen again. 다시는 그런 일 없도록 할게.

Real-life Conversation

A: I want you to study very hard in school.
네가 학교에서 아주 열심히 공부했으면 해.

B: OK. **I'll do my best.** 알겠어요. 최선을 다할게요.

A: Please keep my illness a secret. 내 병은 비밀로 해줘.

B: I promise I will. **I won't** tell anyone. 약속할게. 아무에게도 말하지 않을게.

Will you~?

…해줄래?

Will you~?로 시작하는 의문문은 보통 「…해줄래요?」라는 부탁의 의미이다. 좀 더 예의바르게 보이고 싶으면 앞서 나왔던 Would you~?를 써서 물어보면 된다.

- ✔ **Will you+V?** …해줄래?
- ✔ **Would you+V?** …해줄테야?
- ✔ **Would you please+V?** …해줄래요?

💬 Speak like this!

① **Will you** help me? 나 좀 도와줄래?

② **Will you** pay for this by cash or by check?
이거 현금으로 지불하시겠습니까, 수표로 하시겠습니까?

③ **Would you** have dinner with me sometime?
언제 한번 저하고 같이 저녁식사 할래요?

④ **Would you** hold the line for a second? 잠깐 끊지 말고 기다려 주실래요?

⑤ **Would you** speak more slowly, please? 좀 더 천천히 말해 주실래요?

Real-life Conversation

A: I'm sorry, but Tony isn't here now. 미안하지만 토니는 지금 없어요.

B: **Would you please** give him a message for me?
토니에게 메시지를 전해 주시겠어요?

A: I heard that you have to meet our manager.
저희 관리책임자를 만나야겠다고 하셨다면서요.

B: That's true. **Will you** go with me? 맞아요. 같이 가주실래요?

Shall I~?

…해드릴까요?

Shall we~?의 문형은 「우리 …할까요?」라고 하는 적극적인 제안의 말. Shall we?라고만 해도 다른 사람의 제안, 혹은 조금 전에 자신이 한 제안을 가리켜 「이제 시작할까요?」라고 묻는 말이 된다. 반면 Shall I~?는 「내가 …해드릴까요?」라는 뜻의 패턴이다.

 핵심패턴

- **Shall I+V?** 내가 …해드릴까요?
- **Shall we+V?** 우리 …할까요?

💬 Speak like this!

① **Shall I** call a taxi for you? 택시를 불러줄까요?

② **Shall I** give you a hand? 제가 도와드릴까요?

③ **Shall we** go to the movies after work? 퇴근후에 영화보러 갈래요?

④ **Shall we** go for a walk? 좀 걸을까요?

⑤ **Shall we** go out for lunch? 점심먹으러 나갈까요?

Real-life Conversation

A: I'm bored. **Shall we** go for a walk? 따분해. 우리 산책할까?

B: Yes. It will be good exercise. 그래. 운동이 좀 되겠지.

A: It's hot today. **Shall I** get you a cold drink?
오늘은 덥군요. 찬 음료를 갖다줄까요?

B: Yes, I'd really like that. 응, 정말 마시고 싶네요.

I should~

…해야 돼

should는 「해야 한다」라는 의미의 '의무'를 나타내는 조동사이다. 그래서 You should~의 형태로 「…해야지」라며 상대에게 충고·조언을 하거나 따끔하게 타이를 수 있다. 반대로 남에게 조언을 구하려면 Should I~?를 이용하면 된다.

핵심패턴

- ✓ **I should+V** …해야 돼
- ✓ **You should+V** …하는게 좋아
- ✓ **Should I+V?** 내가 …해야 될까?

💬 Speak like this!

① **I should** go back and get dinner ready. 집에 가서 저녁준비해야 돼.

② **You should** talk to her. 걔하고 얘길 해봐.

③ **You shouldn't** lie anymore. 더이상 거짓말 하면 안돼.

④ **Should I** call him back? 걔한테 다시 전화해줘야 하나?

⑤ **Should I** take the northern route? 북쪽 도로를 타야 하나요?

Real-life Conversation

A: I think that girl is very cute. 저 여자애 되게 귀여운 것 같아.

B: **You should** ask her out. She'll probably say yes.
데이트 신청을 하라구. 아마 좋다고 할거야.

A: I want to go downtown. **Should I** take a taxi?
시내로 가고 싶어. 택시를 타야 하나?

B: No. It's easier to use the subway. 아니. 전철을 타는 게 더 쉬워.

I have to~

…해야 돼

have to는 엄밀히 따지자면 조동사는 아니지만 앞의 should와 비교하여 알아두고 넘어가도록 한다. 'have to+동사원형'은 구어에서 「…해야 한다」는 의미로 가볍게 말할 때 널리 쓰이는 일반적인 표현이다. 구어에서는 'have got to+V,' 혹은 'got to+V'의 형태로 쓰기도 한다.

핵심패턴

- ✓ **I have to+V** …해야 돼
- ✓ **We have to+V** 우린 …해야 돼
- ✓ **Do I have to+V?** 내가 …해야 돼?

💬 Speak like this!

① **I have to** work late tonight. 오늘 밤 늦게까지 일해야 돼.

② **I have to** go to China on business. 일 때문에 중국에 가야 해.

③ **She has to** know how I feel. 걘 내가 어떤 기분인지 알아야 돼.

④ **Do I have to** tell him right now? 지금 당장 걔한테 얘기해야 돼?

⑤ **Do I have to** sign anything? 뭔가에 서명이라도 해야 하나요?

| Real-life Conversation |

A: **I have to** go now. See you later. 이제 가봐야겠어요. 나중에 봐요.

B: Thanks for visiting our house. 저희 집에 와주셔서 감사합니다.

A: Your grandmother gave you this shirt. 할머니가 너한테 이 셔츠를 사주셨어.

B: **Do I have to** keep it? I don't like the color.
이거 꼭 가져야해요? 색이 맘에 들지 않는데요.

PATTERN
071

You have to~

…해야 돼

'You have to+동사원형'의 형태로 말하면 「너 …해야지」, 「…해야하지 않겠니」 하면서 상대방에게 충고하거나 일깨워주는 말이 된다. 「꼭 …하지는 않아도 돼」, 또는 「…할 것까진 없잖아」라는 의미의 'You don't have to+동사원형'의 형태 역시 일상생활에서 빈번하게 쓰이는 문형이다.

 핵심패턴

✓ **You have to+V** 넌 …해야 돼
✓ **You don't have to+V** 넌 …하지 않아도 돼
✓ **Do you have to+V?** 너 …해야 돼?

💬 Speak like this!

① **You have to** do something. 너 뭔가 해야지.

② **You have to** study a foreign language. 외국어를 공부해야 해.

③ **You don't have to** give me an answer right now.
지금 당장 대답해야만 하는 건 아냐.

④ **You don't have to** say you're sorry. 미안하다고 말할 필요는 없어.

⑤ **Do you have to** attend the meeting? 그 회의에 참석해야 해?

Real-life Conversation

A: **You have to** stop smoking. 넌 담배를 끊어야 돼.
B: I know, but it's very difficult. 알아, 하지만 그게 굉장히 힘드네.

A: **Do you have to** work tonight? 오늘 밤에 일해야 해?
B: Yes, I'm sorry I can't go out to dinner with you.
응, 같이 저녁 먹으러 못가서 미안해.

I'd like~

…하고 싶어

I'd like~라고 하면 우리말 「…하고 싶은데요」에 해당되는 표현으로 자기가 '지금,' '현재' 원하는거나 하고 싶은 행위를 말할 때 사용하면 된다. 비슷하게 생긴 'I like+명사[to+V]'는 좋아하기는 좋아하는 거지만 I'd like~처럼 '지금,' '현재'를 강조하는 게 아니라 '일반적인 기호'를 말하는 것이다.

- ✔ **I'd like+N** …을 원해
- ✔ **I'd like to+V** …하고 싶어
- ✔ **I'd like to, but S+V** 그러고 싶지만 …해

💬 Speak like this!

① **I'd like** a window seat. 창가쪽 자리(window seat)로 주세요.

② **I'd like** another beer. 맥주 한잔 더 마실래요.

③ **I'd like to** order a large pizza. 라지 사이즈 피자를 주문하고 싶어요.

④ **I'd like to** talk to Simon.
사이먼하고 얘기하고 싶어. (전화통화시 바꿔달라는 의미로도 쓰임)

⑤ **I'd like to, but** I can't go with you. 그러고는 싶지만 너하고 같이 못가.

Real-life Conversation

A: I'm going to order a cafe latte with no cream.
난 프림 넣지 않은 까페라떼 주문할래.

B: **I'd like** the same. They make great coffee here.
나도 같은 걸로 할래. 여긴 커피 맛있게 끓여주더라.

A: This is Pizza Hut. Can I help you? 피자헛입니다. 도와드릴까요?

B: Yes, **I'd like to** order a large pizza. 네, 피자 라지 한 판 주문하고 싶은데요.

Would you like~?

…할래?

음식을 권한다든가 뭔가 하자고 제안을 하면서 상대의 의향을 물어볼 때는 Would you like~?를 쓴다. Would you like~ 뒤에는 「명사」가 올 수도 있고 'to+V'가 올 수도 있다.

핵심패턴

- ✓ **Would you like+N?** …을 원해?
- ✓ **Would you like to+V?** …할래?

💬 Speak like this!

① **Would you like** some beer? 맥주 좀 드릴까요?

② **Would you like** a glass of wine before dinner?
저녁 먹기 전에 와인 한잔 하실래요?

③ **Would you like to** go for a drive? 드라이브 갈래요?

④ **Would you like to** go out with me sometime?
언제 한번 나랑 데이트 할래요?

⑤ **Would you like to** eat at McDonald's? 맥도널즈에서 먹을래요?

Real-life Conversation

A: What a long day. I'm really tired. 정말 힘든 하루였어. 굉장히 피곤하다.

B: Me too. **Would you like** some beer? 나도 그래. 맥주 좀 마실래?

A: **Would you like to** come for dinner? 저녁 먹으러 올래?

B: That sounds good. What will you cook? 좋지. 뭐 해줄 건데?

I'd rather~

…하는게 낫겠어

I would rather~ 는 굳이 어느 쪽인지 선택을 한다면 「…가 하고 싶다」는 뉘앙스의 표현. 상대의 제안이나 기대와는 좀 어긋나더라도 기분 상하지 않도록 조심스럽게 말한다는 느낌이 드는 표현으로 뒤에는 '동사원 형'이 오기도 하고 '절'(동사의 과거형 사용)이 오기도 한다.

핵심패턴

- **I'd rather+V** …하는게 낫겠어
- **I'd rather not+V** …하지 않는게 낫겠어
- **I'd rather+V+than+V** …하기 보다는 차라리 …하고 싶어
- **I'd rather+V+N1+than+N2** …대신 차라리 …에 …할래

💬 Speak like this!

① **I'd rather** go to the party all by myself. 그냥 파티에 혼자 갈래.

② **I'd rather not** go out with Chuck. 척하고 데이트하지 않는 게 낫겠어.

③ **I'd rather** die than speak in front of people.
사람들 앞에서 연설을 하느니 차라리 죽는게 나아.

④ **I'd rather** go with her than anyone else. 다른 사람하고 가느니 걔하고 같이 갈래.

⑤ **I'd rather** do it today than tomorrow. 내일보다는 오늘 하는게 낫겠어.

Real-life Conversation

A: Will you go out with me tonight? 오늘 나하고 데이트할래?
B: **I'd rather** stay home and study. 그냥 집에서 공부할래.

A: **I'd rather** have fun than save money. 저축을 하느니 즐기는게 나아.
B: You should worry about your future more. 미래를 좀 더 걱정해야지.

1 I'd like to~ 다음에 다양한 동사를 넣어보자.

1. 이 코트를 사고 싶은데요(buy this coat)

_____

2. 신용카드로 지불하겠어요(pay by)

_____

3. 내일 쉬고 싶은데요(take tomorrow off)

_____

정답 1. I'd like to buy this coat 2. I'd like to pay by credit card 3. I would like to take tomorrow off

2 Would[Could] you~? 다음에 다양한 동사를 넣어보자.

1. 컴퓨터에 뭐 좀 확인할 수 있어?(check~ on the computer)

_____

2. 조용히 좀 해줄래?(keep it down)

_____

3. 조금 천천히 말씀해주시겠어요?(speak more slowly)

_____

정답 1. Could you check something on the computer? 2. Would you keep it down? 3. Would you speak more slowly, please?

3 Would you like to~ 다음에 다양한 동사를 넣어보자.

1. 온라인 게임 좀 할래?(play some on-line game)

_____

2. 오늘 점심 먹을래?(have lunch)

_____

3. 우리랑 함께 가서 영화볼래?(see a movie with)

_____

정답 1. Would you like to play some on-line games? 2. Would you like to have lunch today? 3. Would you like to go and see a movie with us?

4 You can't~ 다음에 다양한 동사를 넣어보자.

1. 너 나한테 이럴 수는 없어(do this to)

---

2. 이거 누구한테도 말하면 안돼(tell anyone about)

---

3. 겉만 보고 판단하면 안돼(by its cover)

정답 1. You can't do this to me 2. You can't tell anyone about this 3. You can't judge a book by its cover

5 You should~ 다음에 다양한 동사를 넣어보자.

1. 집에 가서 좀 쉬어(get some rest)

---

2. 넌 포기하면 안돼(give up)

---

3. 성공하려면 항상 최선을 다해야 돼(do your best)

정답 1. You should go home and get some rest 2. You shouldn't give up 3. You should always do your best to succeed

6 You don't have to~ 다음에 다양한 동사를 넣어보자.

1. 설명할 필요없어(explain)

---

2. 네가 이 일을 도와주지 않아도 돼(help me with)

---

3. 걱정할 필요가 없어(worry)

정답 1. You don't have to explain 2. You don't have to help me with this work 3. You don't have to worry

패턴만 알아도 영어가 된다!

Chapter

5

Have와 Get 그리고 Make

I have~

…가 있어

have는 크게 '조동사'로서의 쓰임새와 '일반동사'로서의 쓰임새로 구분할 수 있다. 여기서는 일반 동사로서의 have의 쓰임새를 살펴보기로 한다. 일반동사로서의 have는 「갖고 있다」는 의미인데, 이는 반드시 물건에만 해당되는 것이 아니다. 생각이나 골치아픈 문제 등 추상명사가 have의 목 적어로 오기도 하고, 질병의 이름이 와서 「병이 있다」는 의미가 되는 등 그 활용범위가 무궁무진 하다.

 핵심패턴

- ✓ **I have+N** …가 있어
- ✓ **I have no+N** …가 없어
- ✓ **I have+질병** …에 걸렸어
- ✓ **I have+음식** …을 먹다

💬 Speak like this!

① **I have** a ticket. 나한테 티켓이 한 장 있어.

② **I have** a date tonight. 오늘 저녁에 데이트가 있어.

③ **I have no** choice. 선택의 여지가 없어.

④ **I have** a toothache. 이가 아파[치통이 있어].

⑤ **I had** dinner with her yesterday. 나 어제 걔하고 저녁 먹었어.

Real-life Conversation

A: **I have** a job interview next week. 다음 주에 면접이 있어.
B: What company are you interviewing with? 면접볼 회사가 어딘데?

A: What would you like to order? 무엇을 주문하시겠습니까?
B: **I'll have** a beer. 맥주로 할래요.

I have +명사+과거분사[~ing, V]

…을 …하게 하다

「have+명사+과거분사」의 경우는 내가 주도적으로 시켰건 내가 본의 아니게 당했건 「누군가가 명사를 과거분사했다」는 이야기이고, have+명사+동사원형[~ing]의 문형은 '사역'의 개념으로 명사가 「…하도록 시키거나」,「명사를 ~ing 하게 만들다」라는 의미이다.

 핵심패턴

> ✓ **I have+N+과거분사[~ing]** …가 …을 하다
> ✓ **I have+N+V** …하도록 시키다

💬 Speak like this!

① **I had** my car **fixed.** 내 차를 고쳤어.

② **I had** my watch **stolen.** 시계를 도둑맞았어.

③ **I had** her **researching** the report. 내가 걔한테 보고서를 조사하라고 시켰어.

④ **I'll have** my secretary **attend** the meeting.
   비서를 시켜 그 회의에 참석하게 할게요.

⑤ **Have** her **come** in. 걔 들어오라고 해.

Real-life Conversation

A: **I'll have** the room **cleaned** before the meeting.
   회의 전에 이 방을 청소시킬게요.

B: Good idea. 좋은 생각이야.

A: Mr. Baggins is not in right now. 배긴스 씨는 지금 안계세요.

B: Would you **have** him **call** me when he comes back?
   돌아오면 저한테 전화하라고 해주실래요?

You have+명사

···하다

'I have+명사'의 문형과 마찬가지로 You have 역시 다양한 명사를 목적어로 취하면서 양질의 회화문장을 만들어주는 패턴이다. 특히 You have no idea라고 하면 「넌 모른다」는 뜻이 되고, 거기에 「얼마나 ···한지 모른다」는 뜻으로 'how+형용사+주어+동사'의 형태를 만들어 붙이면 「얼마나 ···한지 넌 아마 모를걸」이라는 의미의 패턴이 된다.

 핵심패턴

- ✔ **You have~** ···하다
- ✔ **You have no idea how~** 얼마나 ···한지 모를거야

💬 Speak like this!

① **You have** a large family. (당신 가족은) 대가족이네요.

② **You have** a good memory. 기억력이 좋으시네요.

③ **You have** a call from Mr. Kobs. 콥스 씨에게서 전화 왔어요.(전화를 바꿔주면서)

④ **You have no idea how** exciting it was. 얼마나 신났었는지 넌 모를거야.

⑤ **You have no idea how** pretty she is. 그 여자가 얼마나 예쁜지 넌 모를거야.

Real-life Conversation

A: I have two sisters and three brothers. 난 누나가 둘에 남동생이 셋이야.

B: Wow! **You have** a large family. 이야! 대가족이로군.

A: I heard that you're studying economic theory.
너 경제 이론을 공부한다면서.

B: **You have no idea how** boring it is. 그게 얼마나 지루한지 넌 모를거야.

Do you have~?

…가 있어?

이번에는 have동사의 의문문 문형으로 상대방에게 「…갖고 있느냐?」라고 물어보는 표현인 'Do you have+ 명사~?'를 알아본다. 역시 have의 목적어로는 물질, 추상명사 등 다양하게 올 수 있다.

핵심패턴

✓ **Do you have~?** …있어?
✓ **Do you have any~?** 뭐 좀 …가 있어?

💬 Speak like this!

① **Do you have** kids? 자녀가 있나요?

② **Do you have** a room for tonight? 오늘밤 묵을 방 있나요?(호텔 등에서)

③ **Do you have** time to have dinner? 저녁 먹을 시간 있어요?

④ **Do you have any** idea? 뭐 좀 아는 것 있어?

⑤ **Do you have any** other brands? 다른 상표(의 상품)은 있나요?

Real-life Conversation

A: My wife and I have been married for six years.
우리 부부는 결혼한지 6년 됐어요.

B: Do you have kids? 자녀는 있나요?

A: Do you have any plans tonight? 오늘 밤에 무슨 계획이라도 있어?

B: Possibly. What do you have in mind? 어쩌면 생길 지도 몰라. 뭐할 생각인데?

I get

…얻다, 받다, 도착하다

기본적으로 get+명사의 형태로 「얻다」, 「받다」라는 의미를 쓰이며 또한 장소명사가 목적어로 오면 「도착하다」라는 의미이다. 그밖에 전화를 받거나, 버스, 지하철을 타는 것 등등을 모두 get+명사의 형태로 표현할 수 있다.

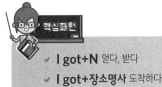

✓ **I got+N** 얻다, 받다
✓ **I got+장소명사** 도착하다

💬 Speak like this!

① **I got** my driver's license. 운전면허를 땄어.

② **I got** a promotion. 나 승진했어.

③ **I got** a new job. 새 일자리를 구했어.

④ **I got** downstairs for dinner. 저녁을 먹으려고 아래층에 내려갔지.

⑤ **I got** there on time. 난 거기 제시간에 도착했어.

Real-life Conversation

A: You look happy. What's up? 기분 좋아 보이네. 무슨 일이야?

B: **I got** a promotion today. 나 오늘 승진했어.

A: Were you late for your doctor's appointment? 병원 예약시간에 늦었어?

B: No, **I got** there on time. 아니, 제 시간에 갔어.

I get+형용사[과거분사]

…해지다

get 뒤에 형용사가 오면 「…하게 되다」, 「…해지다」라는 become의 의미가 된다. 또한, be+과거분사 형태의 수동태 문장에서 be동사 대신에 쓰여 과거분사의 '동작'을 강조하기도 한다.

✓ **I got+형용사** …해지다
✓ **I got+과거분사** …해지다

💬 Speak like this!

① **I got** really mad at him. 나 걔한테 엄청나게 화났었어.

② **I get** red when I drink. 술을 마시면 난 빨개져.

③ **I got** drunk. 나 취했어.

④ **I got** locked out. 열쇠도 없이 문을 잠그고 나와버렸네.

⑤ **He got** caught by the police. 그 사람은 경찰에게 붙잡혔어.

Real-life Conversation

A: Is it warm enough for you? 이 정도면 따뜻해?
B: Not really. My feet **are getting** cold. 별로. 발이 차가워지고 있어.

A: Are you upset about something? 뭐 화나는 일 있니?
B: I feel awful. I **got** fired today. 기분 더러워. 오늘 해고당했다구.

I get sb+명사[형용사]

…에게 …를 주다

'get+목적어(사람)+목적어(사물)'과 같이 get 다음에 명사 두개가 연속해서 나오는 경우에는 「목적어(사람)에게 목적어(사물)을 갖다주다, 혹은 사다주다」라는 의미가 된다. 또, get+목적어 다음에 '형용사'가 오게 되면 「목적어를 형용사의 상태로 만들다」라는 의미.

핵심패턴

✓ **I get sb+N** …에게 …을 주다
✓ **I get sb+형용사** …을 …하게 하다

💬 Speak like this!

① **I'll get you** some coke. 내가 너한테 콜라 갖다줄게.

② **He got me** an expensive dress. 걔가 나한테 비싼 옷 사줬어.

③ **Let me get you** a piece of pie. 너한테 파이 한조각 갖다줄게.

④ **Could you get me** a newspaper? 신문 좀 갖다줄래요?

⑤ We must **get dinner ready.** 저녁을 준비해야 돼.

Real-life Conversation

A: This coffee tastes great. 커피 맛 좋네.

B: **Let me get you** a piece of pie to go with it.
커피랑 같이 먹도록 파이 한 조각 갖다줄게.

A: The office is really cold today. 오늘 사무실이 정말 춥구나.

B: I know. I can't **get** my hands **warm.** 그러게. 손을 따뜻하게 할 수가 없네.

I get+N+과거분사[to+V]

…당하다, …하게 시키다

have+목적어(명사)+과거분사에서 have 대신에 get을 바꿔 쓴 경우. 의미는 남을 시켜서 「…를 해 받다」, 혹은 어떤 일을 「당하다」라는 것이다. 단 과거분사 대신에 동사가 올 때는 have와 달리 to+V가 오게 된다. 이는 「목적어를 설득하거나 지시하여 …하게 만들다」라는 의미다

 핵심패턴

- **I get+N+과거분사** …당하다
- **I get+N+to+V** …하게 시키다

💬 Speak like this!

① **I got** my car **washed.** 차를 (맡겨서) 세차했어.

② **I got** my bicycle **fixed.** 자전거를 고쳤어.

③ You should **get** the children **dressed.** 애들 옷을 입혀야지.

④ I'll **get** Amanda **to** go out with me. 어맨더가 나하고 데이트하게 만들거야.

⑤ You should **get** security **to** open it up. 경비원에게 열어달라고 해야겠네.

Real-life Conversation

A: You look different today. 너 오늘 좀 달라보인다.

B: I **got** my hair **cut.** Does it look good? 머리를 잘랐거든. 보기 좋아?

A: Did Harry make you pay for dinner? 해리가 저녁값을 너한테 내게 했단 말야?

B: He tried to **get** me **to** pay for it, but I refused.
내가 돈을 내게끔 하려고 하더라구. 하지만 싫다고 했어.

PATTERN
083

I've got~

…있어

have got은 구어에서 많이 쓰는 표현으로 have와 별반 다를 것 없이 쓰인다. have+명사가 「…을 갖고 있다」라는 뜻이 되듯 have got+명사는 「갖고 있다」는 의미이고, have to+동사가 「…해야 한다」는 뜻이니 have got to+동사도 「…해야 한다」는 의미가 되는 것이다. 이렇게 have got+명사의 형태는 have+명사와 똑같이 「…을 갖고 있다」는 의미지만, have와 같다고는 해도 「갖고 있다」는 뜻 외에 다른 의미로 쓰인 have 는 have got으로 바꿀 수 없다. 예를 들면 have lunch(점심먹다)와 같은 경우에는 have를 have got으로 바꿀 수 없다.

핵심패턴

✓ **I've got+N** …있어
✓ **I've got to+V** 난 …해야 돼
✓ **You've got to+V** 넌 …해야 돼

💬 Speak like this!

① **I've got** an idea. 나한테 생각이 있어.

② **I've got** a plan. 나한테 계획이 있어.

③ **I've got to** go back to my office. 난 사무실로 돌아가 봐야 해.

④ **I've got to** do something now. 난 이제 뭔가 해야만 해.

⑤ **You've got to** be careful. 조심해야 돼.

Real-life Conversation

A: Why are you dressed so formally tonight?
오늘 왜 그렇게 정식으로 치려입었어?

B: I've got a date that I want to impress. 데이트가 있는데 강한 인상을 주고 싶어.

A: This is dangerous. You've got to be careful. 이 일은 위험해. 조심해야 한다구.

B: Don't worry about me. 내 걱정 하지마.

make sb feel~

···의 기분을 ···하게 하다

make somebody feel+형용사로 「···을 ···한 기분상태로 만들다」, 「···의 기분을 ···하게 만들다」라는 뜻이 된다. 주어로는 사람이 오거나 That, It 등이 나온다.

핵심패턴

- **~make me feel+형용사** 내 기분을 ···하게 만들다
- **~make you feel+형용사** 네 기분을 ···하게 만들다
- **Make me feel~** 날 ···하게 만들다
- **Don't make me feel~** 날 ···하게 하지마

💬 Speak like this!

① I didn't want to **make** you **nervous.** 널 초조하게 만들고 싶지 않았어.

② I really didn't mean to **make** you **miserable.** 널 비참하게 할려고 한 건 아냐.

③ It **makes** me **feel great.** 그거 때문에 기분이 아주 좋아.

④ You're just saying that to **make** me **feel better.**
나 기분 좋으라고 그냥 하는 말이지.

⑤ You **make** me **feel special.** 넌 날 특별하다고 생각하게 해줘

Real-life Conversation

A: Go get some sleep. It'll **make you feel better.**
가서 좀 자. 기분이 더 좋아질 거야.

B: That's a good idea. I am very tired today. 좋은 생각야. 오늘 무척 피곤해.

A: I heard that tax rates are going down. 세금이 낮아질거래.

B: That **makes** me **feel better.** I pay a lot of taxes. 그럼 좋지. 세금 많이 내는데.

1 I have~ 다음에 다양한 음식명사를 넣어보자.

1. 햄샌드위치하고 우유 좀 먹을래요(a ham sandwich and some milk)

_____

2. 오늘 점심 먹을래?(have lunch)

_____

3. 가끔 술 좀 마시러 이 바에 와(come to this bar)

_____

2 Do you have any~? 다음에 다양한 명사를 넣어보자.

1. 나 인터뷰하는데 뭐 조언해줄 거 있어?(any advice for)

_____

2. 증거라도 있는거야?(any proof)

_____

3. 스위스 와인 있나요?(any Swiss wine)

_____

3 I got~ 다음에 다양한 장소명사를 넣어보자.

1. 거기에 어떻게 가죠?(get there)

_____

2. 제 시간에 집에 도착할거야(in time)

_____

3. 여기 오는데 얼마걸렸어?(take you to)

_____

4 get you[me]~ 다음에 다양한 사물명사를 넣어보자.

1. 뭐라도 좀 갖다 줄까?(get you anything)

_____

2. 가게에 가서 뭐 좀 사다 줘(go to the store)

_____

3. 택시 좀 잡아줄래요?(get me a taxi)

_____

정답 1. Can I get you anything? 2. Go to the store and get me something 3. Can you get me a taxi, please?

5 get~ 다음에 다양한 명사+pp를 넣어보자.

1. 내일 아침까지 마무리해(get ~ done)

_____

2. 나 때문에 길을 잃게 돼서 미안해(get~ lost)

_____

3. 컴퓨터를 업그레이드 했어(get ~ upgraded)

_____

정답 1. Please get it done by tomorrow morning 2. I'm sorry that I got us lost 3. I got my computer upgraded

6 I've got to~ 다음에 다양한 동사를 넣어보자.

1. 이제 들어가서 샤워해야겠어(get back inside)

_____

2. 데이트가 있어. 빨리 가야 돼(run)

_____

3. 신디 데리러 가야 돼(pick up)

_____

정답 1. I've got to get back inside and shower 2. I have a date. I've got to run 3. I've got to go pick up Cindy

패턴만 알아도 영어가 된다!

Chapter

6

기본동사가 만드는 패턴들

I like~

…을 좋아해

I like~ 는 「좋아한다」는 의미인데, 내가 평소에 뭘 좋아하고 있었는지를 나타낼 때도 쓰이지만, 아래 예문처럼 「이 사진 맘에 든다」하고 칭찬할 때나 선물을 받고 「나 그거 맘에 든다」고 할 때에도 I like~가 쓰인다. 좋아하는 행위를 말할 때는 I like to+V[~ing]의 형태를 이용하면 된다.

핵심패턴

- ✔ **I like+N** …을 좋아해
- ✔ **I like to+V** …하는 것을 좋아해
- ✔ **I like ~ing** …하는 것을 좋아해

💬 Speak like this!

① **I like** this picture. 이 사진, 맘에 든다.

② **I like** you very much. 나 네가 정말 좋아.

③ **I like to** jog in the morning. 난 아침에 조깅하는 걸 좋아해.

④ **I like to** watch[watching] baseball games. 난 야구경기 관람하는 걸 좋아해.

⑤ **I like to** take walks alone. 난 혼자서 산책하길 좋아해.

Real-life Conversation

A: You look nice today. **I like** your tie. 오늘 멋있어보이네. 넥타이 참 좋다.

B: Thank you. 고마워.

A: **I like to** jog in the morning. 난 아침에 조깅하는 걸 좋아해.

B: Really? So do I. 정말? 나도 그런데.

I don't like~

…을 싫어해

I like~의 부정형태로 I don't like~는 「좋아하지 않는다」, 즉 「싫다」라는 의미이다. I like~의 경우와 마찬가지로 목적어로는 명사 뿐만 아니라 명사 상당어구인 to+동사, 또는 ~ing 형태가 올 수 있다.

핵심패턴

- ✓ **I don't like+N** …을 싫어해
- ✓ **I don't like to+V** …하는 것을 싫어해
- ✓ **I don't like ~ing** …하는 것을 싫어해

💬 Speak like this!

① **I don't like** my boss. 우리 상사가 맘에 안들어.

② **I don't like** beans very much. 콩은 너무 먹기 싫더라.

③ **I don't like to** think about that. 거기에 대해 생각하기 싫어.

④ **I don't like to** do the dishes. 설거지하기 싫어.

⑤ **I don't like to** ask[asking] him. 걔한테 물어보기 싫어.

Real-life Conversation

A: What do you think about these shirts? 이 셔츠들 어떻게 생각해?
B: **I don't like** the striped one. 줄무늬 셔츠는 별로야.

A: Your kitchen is pretty dirty. 너희 집 부엌 굉장히 지저분하구나.
B: I know. **I don't like** doing the dishes. 맞아. 내가 설거지하는 걸 싫어해서.

Do you like~?

…을 좋아해?

내가 좋고 싫은 게 있으면 남 역시 좋고 싫은 게 있기 마련. 상대에게 「…를 좋아하니?」하고 물어볼 땐 조동사를 앞으로 빼서 Do you like~?로 물어보면 된다.

핵심패턴

- ✓ **Do you like+N?** …을 좋아해?
- ✓ **Do you like to+V?** …하는 것을 좋아해?
- ✓ **Do you like~ing?** …하는 것을 좋아해?

💬 Speak like this!

① **Do you like** sports? 스포츠 좋아하니?

② **Do you like** your job? 하시는 일은 맘에 드세요?

③ **Do you like to** sing? 노래부르는거 좋아해?

④ **Do you like to** hike? 등산하는거 좋아해?

⑤ **Do you like watching** basketball games? 농구경기 보는거 좋아해?

Real-life Conversation

A: **Do you like your job?** 하는 일은 마음에 드니?

B: **I really enjoy doing my work.** 정말 즐겁게 일하고 있어.

A: **Do you like to sing?** 노래부르는거 좋아해?

B: **Yes, but to be honest, my voice isn't very good.**
응. 하지만 솔직히 내 목소리는 그다지 근사하지 않아.

PATTERN
088

I know~

…을 알아

뭘 아는지에 대해서는 know 뒤에 목적어(명사)를 써주는데, '의문사+주어+동사'로 이루어진 '명사절'도 길긴 하지만 명사집안에 속하므로 뒤에 올 수 있다. 참고로 I know her는 "나는 걔랑 알고 지내는 사이야." 그리고 I know of her는 "나 걔가 누군지 알아"라는 의미이다.

핵심패턴

- ✓ **I know+N** …을 알아
- ✓ **I know (that) S+V** …을 알아
- ✓ **I know what[how~] to+V** …하는 것을 알아
- ✓ **I know what[how~] S+V** …을 알아

💬 Speak like this!

① **I know** a lovely store in New York. 뉴욕에 있는 근사한 가게를 알고 있어.

② **I know what** you're talking about. 네가 무슨 얘기 하고 있는 건지 알아.

③ **I know how to** play this game. 이 게임 어떻게 하는지 알아.

④ **I know that** he's a married man. 그 사람이 유부남이라는거 알아.

⑤ **I know how** you feel. 네가 어떤 기분인지 알아.

Real-life Conversation

A: **I know all about kung fu.** 난 쿵후에 대해서라면 뭐든 다 알아.

B: Why don't you show me some moves? 동작을 좀 보여줘.

A: We're playing cards. Want to join us? 카드놀이 하려고 하는데. 같이 할래?

B: Sure. **I know how to** play this game. 좋지. 나 포커 칠 줄 알아.

I don't know~

…을 몰라

이번에는 know의 부정문 형태로 I don't know~를 살펴본다. 역시 know의 목적어로는 단순히 명사가 오거나 명사구나 명사절 등이 오게 된다. 또한 어떤 사실이나 사항에 '관해서' 아는지 모르는지를 언급할 때는 about+명사의 전치사구를 쓴다.

 핵심패턴

✓ **I don't know+N** …을 몰라
✓ **I don't know about~** …에 관해 몰라

💬 Speak like this!

① **I don't know** his cell phone number. 걔 휴대폰 번호를 모르는걸.

② **I don't know** Randy very well. 난 랜디랑 그다지 친하지 않아.

③ **I don't know about** real estate. 부동산에 관해서는 아는게 없어.

④ **I don't know about** the new plans. 새 계획에 대해서는 몰라.

⑤ **I don't know about** yoga. 요가에 대해 아는게 없어.

Real-life Conversation

A: Can you tell me more about that guy? 저 남자에 대해서 좀 더 얘기해줄래?

B: Sorry, **I don't know** Danny very well. 미안한데, 난 대니하고 별로 안친해.

A: Could you give me some advice about real estate?
부동산에 관해서 조언 좀 해줄래?

B: Sorry. **I don't know about** that. 미안해. 부동산에 대해서는 아는게 없어.

I don't know what~

…을 몰라

앞서 I know+명사절 편에서도 잠깐 다뤘지만, '의문사(what)+to+동사원형(do)'의 형태 역시 명사처럼 쓰인다. 그밖에 보통 「의문사+주어+동사」의 명사절이나 '(that)+주어+동사'가 올 수 있다.

 핵심패턴

> ✓ I don't know (that) S+V …을 몰라
> ✓ I don't know what[how~] to+V …하는 것을 몰라
> ✓ I don't know what[how~] S+V …을 몰라

💬 Speak like this!

① **I don't know what to** do. 뭘 해야 할지 모르겠어.

② **I don't know why** she's angry. 걔가 왜 화를 내는지 모르겠네.

③ **I don't know how to** thank you. 어떻게 감사를 드려야 할지 모르겠어요.

④ **I don't know why.** 이유를 모르겠네.

⑤ **I don't know where to** go.(또는 where I should go)
어디로 가야 할지 모르겠어.

Real-life Conversation

A: I saw you dating another woman. 네가 딴 여자 만나는거 봤어.

B: **I don't know what** you're talking about. 무슨 소리 하는 건지 모르겠네.

A: Here's the present I got for your birthday.
이거, 네 생일이라서 선물 준비했어.

B: **I don't know how to** thank you. 어떻게 감사해야 할지 모르겠네.

123

Do you know~?

…을 알아?

know의 의문문 형태인 Do you know~?는 know 평서문, 부정문의 경우와 마찬가지로 Do you know 다음에는 명사나 명사구, 명사절 등이 올 수 있다. 이 패턴은 특히 상대방에게서 필요한 정보를 얻어낼 때 꼭 사용해야 하는 중요한 문형. 또한 Do you know anything about+명사?의 형태로 상대에게 그 명사에 대한 정보를 구할 수 있는데, 이는 Do you know any+명사?의 형태도 쓰일 수 있다.

> ✓ **Do you know+N?** …을 알아?
> ✓ **Do you know anything about~?** …대해 아는거 있어?

💬 Speak like this!

① **Do you know** that? 너 그거 알아?

② **Do you know** his phone number? 너 걔 전화번호 알아?

③ **Do you know anything about** resumes? 이력서에 대해 뭐 좀 아는거 있어?

④ **Do you know anything about** fixing cars? 차 수리에 대해 뭐 좀 알아?

⑤ **Do you know any** good restaurants? 근사한 식당 아는데 있어?

| Real-life Conversation |

A: You can ask the school's advisor about that.
지도교수님한테 그 문제를 여쭤봐.

B: **Do you know** her e-mail address? 교수님 이메일 주소 알아?

A: Let's grab a bite to eat. 뭐 좀 먹으러 가자.

B: **Do you know any** good restaurants? 좋은 식당 아는데 있어?

Do you know what~?

…을 알아?

Do you know~ 다음에 다양한 명사절[구]을 넣어본다. 앞서 언급했듯이 '의문사+주어+동사,' '(that)+주어
+동사,' '의문사+to+동사원형' 등, 다양한 명사절이나 구가 know의 목적어로 쓰일 수 있다.

핵심패턴

- **Do you know (that) S+V?** …을 알아?
- **Do you know what[how~] to+V?** …하는 것을 알아?
- **Do you know what[how~] S+V?** …을 알아?

💬 Speak like this!

① **Do you know where** the subway station is? 전철역이 어디 있는지 알아요?

② **Do you know when** the train leaves? 기차가 언제 출발하는지 아세요?

③ **Do you know who** she is? 그 여자가 누군지 알아?

④ **Do you know where** your wife went? 네 아내가 어디 갔는지 알아?

⑤ **Do you know how to** make coffee? 커피 어떻게 만드는 줄 알아?

Real-life Conversation

A: **Do you know when** the train arrives? 기차가 언제 도착하는지 아세요?

B: It's scheduled to be here at 7 a.m. 오전 7시에 도착하는 것으로 되어있어요.

A: **Do you know who** she is? 저 여자 누군지 알아?

B: Yeah, she's the new assistant manager of the department.
응, 우리 부서에 새로 온 차장이잖아.

I think ~

…인 것 같아

「생각하다」는 의미의 think 역시 둘째가라면 서러워할 기본동사이다. 주어+동사로 이루어진 보통 문장 앞에다 살짝 I think를 얹어놓기만 하면 「…인 것 같아」라는 의미가 된다.

핵심패턴

- ✓ **I think S+V** …인 것 같아
- ✓ **I don't think S+V** …가 아닌 것 같아

💬 **Speak like this!**

① **I think** she's lying. 걔가 거짓말 하고 있는거 같아.

② **I think** we're going to be late. 우리 늦을 것 같아.

③ **I think** I must be going now. 지금 가봐야 할 것 같아요.

④ **I don't think** it will rain tomorrow. 내일 비가 올 것 같지는 않은데.

⑤ **I don't think** she will come. 걔는 안올 것 같아.

Real-life Conversation

A: **I think** we're going to be late. 우리 늦을거 같아.
B: We've got plenty of time. 시간 충분해.

A: Invite him for dinner tonight. 오늘 밤에 그 사람한테 저녁 초대를 해.
B: **I don't think** I should do that. 그래야 한다는 생각 안드는데.

Do you think~?

…인 것 같아?

상대방이 「어떻게 생각하는지」 물어보고 싶을 땐, 알고 싶은 내용 앞에 Do you think만 붙여주면 된다. 그리고 Don't you think~?로 물어보면 은연중에 '나는 그렇게 생각하는데 너는 그렇지 않니?'라는 뉘앙스를 띠게 된다.

 핵심패턴

- ✓ **Do you think~?** …인 것 같아?
- ✓ **Don't you think~?** …인 것 같지 않아?
- ✓ **Do you think so?** 그렇게 생각해? (상대의 말을 받아)

💬 Speak like this!

① **Do you think** he's right? 걔 말이 맞는 것 같니?

② **Do you think** this color suits me? 이 색깔이 나한테 어울리는 것 같니?

③ **Do you think** we can finish it on time?
우리가 이 일을 제시간에 끝낼 수 있을 것 같니?

④ **Don't you think** it looks great? 멋있어 보이는 것 같지 않냐?

⑤ **Don't you think** she's wrong this time? 이번엔 걔 말이 틀린 것 같지 않아?

Real-life Conversation

A: **Do you think this color suits me?** 이 색깔, 나한테 어울리는 것 같아?

B: **No, you shouldn't buy blue clothing.** 아니, 파란 옷은 사면 안되겠다.

A: **Is this your new car?** 이거 네 새 차니?

B: **Yes. Don't you think it looks great?** 응. 근사해 보이지 않냐?

I feel~

(기분이) …해

feel은 기분이나 몸 상태, 생각 등을 「느끼다」, 「느껴서 안다」는 의미의 동사. feel 다음에 기분이나 몸 상태 등을 나타내는 '형용사'가 와서 「…한 느낌이 들다」, 「몸 상태가 …하다」라는 의미가 된다. 반면 feel like ~ing는 뭔가를 '먹고 싶거나 하고 싶을 때' 사용하는 표현이다.

핵심패턴

- ✓ **I feel+형용사** …해
- ✓ **I feel like ~ing** …하고 싶어
- ✓ **I don't feel like~ing** …하고 싶지 않아

💬 Speak like this!

① **I feel** much better. (건강 · 컨디션 등이) 훨씬 나아.

② **I feel like** taking a shower. 샤워하고 싶어.

③ **I feel like** drinking a cold beer. 시원한 맥주 마시고 싶다.

④ **I don't feel like** doing anything. 아무 것도 하고 싶지 않아.

⑤ **I don't feel like** sleeping right now. 지금은 잠을 자고 싶지 않아.

Real-life Conversation

A: **I feel** hungry. Let's eat. 배가 고파. 우리 뭐 좀 먹자.

B: Do you want to grab some snacks? 간식 좀 먹을까?

A: Do you want to go out? 나갈래?

B: Later. **I feel like** taking a shower first. 나중에. 먼저 샤워부터 하고 싶어.

You look~

…인 것 같아

look은 「보다」라는 능동적인 의미를 갖는 동사로 잘 알려져 있지만, 「…하게 보이다」라는 의미 역시 가지고 있다. 「…하게 보이다」, 「…인 것 같다」라는 의미로 쓰일 때는 뒤에 형용사가 온다.

핵심패턴

✓ **You look+형용사** …인 것 같아
✓ **You look+과거분사** …인 것 같아

💬 Speak like this!

① **He looks** tired today. 걔 오늘 피곤해 보이는데.

② **She looks** young for her age. 걘 나이에 비해 어려 보여.

③ **You look** angry. 화가 난 것 같구나.

④ **You look** very happy. 굉장히 즐거워 보이는구나.

⑤ **You look** great. 근사해 보인다.

Real-life Conversation

A: A lot of women envy her beauty. 그 여자 미모를 부러워하는 여자들이 많아.

B: That's because **she looks** young for her age.
나이에 비해 어려보여서 그런 거지.

A: **He looks** tired today. 오늘 걔 피곤해보여.

B: He was out drinking with his friends all night.
친구들하고 나가서 밤새 술마셨대.

I need~

…가 필요해

need는 「필요하다」라는 의미로 유명한 동사. '너무너무 강렬하게 먹고 싶거나 갖고 싶은 것, 반드시 해야 하는 것'을 표현할 때도 need를 쓴다. 또한 I don't need 다음에 to+동사원형을 넣어서 「반드시 …하지는 않아도 된다」는 의미의 문장을 만들어 본다.

핵심패턴

- ✓ **I need+N** …가 필요해
- ✓ **I need to+V** …해야 돼
- ✓ **I don't need to+V** 난 …하지 않아도 돼
- ✓ **You don't need to+V** 넌 …하지 않아도 돼

💬 Speak like this!

① **I need** some medicine. 약을 좀 먹어야겠어.

② **I need** some rest. 좀 쉬어야겠어.

③ **I need to** go to see a doctor. 의사한테 가봐야겠어.

④ **I don't need to** pay for it. 내가 그 비용을 지불할 것까진 없잖아.

⑤ **You don't need to** decide right now. 지금 당장 결정하지 않아도 돼.

Real-life Conversation

A: You seem to be getting a little fat. 너 조금씩 살이 붙고 있는 것 같다.

B: I know. **I need** more exercise. 맞아. 운동을 좀 더 해야 돼.

A: I'm not sure what I want to study. 뭘 공부하고 싶은 건지 잘 모르겠어.

B: **You don't need to** decide right now. 지금 당장 결정하지 않아도 돼.

I hope~

…하기를 바래

hope는 앞으로 일어날 일에 대해서 「…하면 좋겠다」, 「…하기를 바란다」는 의미. 뒤에는 앞으로 일어났으면 하는 일을 말하는데, hope 뒤에 오는 문장에는 '미래'를 나타내는 조동사 will을 쓰기도 하지만, 어차피 hope에 '앞으로의 일을 소망한다'는 뉘앙스가 들어있으므로 동사의 현재형만으로도 충분하다. 또한 I hope 다음에 과거형 문장을 써서 이미 해놓은 혹은 벌어진 일에 대한 소망을 말하기도 한다.

핵심패턴

- ✓ **I hope to+V** …하기를 바래
- ✓ **I hope (that) S+V** …을 바래
- ✓ **I hope so** 나도 그랬으면 좋겠어. (상대의 말을 그대로 받아서)

💬 Speak like this!

① **I hope** you have fun on your vacation. 휴가 즐겁게 지내길 바래요.

② **I hope** he will come. 걔가 오기를 바래.

③ **I hope** it won't be too long. 너무 오래 걸리지 않기를 바래.

④ **I hope** she doesn't do that. 걔가 그러지 않으면 좋겠는데.

⑤ **I hope** she didn't lose too much. 걔가 너무 많이 잃지 않았기를 바래.

Real-life Conversation

A: I invited Jerry to our wedding. 제리를 우리 결혼식에 초대했어.

B: That's great! **I hope** he will come. 잘했어! 난 걔가 오기를 바래.

A: You have a medical appointment today. 오늘 병원 예약이 되어 있어.

B: **I hope** I don't have to wait too long.
너무 오래 기다려야 하는게 아니라면 좋겠는데.

I wonder~

…가 궁금해

확실하지 않아 이것저것 추측해볼 때 쓰는 동사가 바로 wonder. I wonder 뒤에는 '의문사+주어+동사' 형태의 명사절 말고도 'if+주어+동사'(…인지 아닌지)의 형태 역시 쓰일 수 있다. 또한 I was wondering if you could…는 「…좀 해주시겠어요?」하고 남에게 정중하게 부탁할 때 쓰는 표현이다. 그냥 I wonder if you could…의 형태로도 사용한다.

 핵심패턴

- ✓ **I wonder what[how~]** …가 궁금해
- ✓ **I wonder if~** …인지 모르겠어
- ✓ **I was wondering if~** …좀 해주시겠어요?

💬 Speak like this!

① **I wonder where** Joe is now. 조는 지금 어디 있을까.

② **I wonder what** happened. 무슨 일이 일어난 건지 궁금해.

③ **I wonder why** she didn't tell me. 왜 걔는 나한테 말하지 않았을까.

④ **I wonder if** he knows something. 걔가 뭔가 알고 있는 걸까.

⑤ **I was wondering if** you could give me a ride. 저 좀 태워주시겠어요?

Real-life Conversation

A: I'm going to throw a party this Friday. 요번 주 금요일에 파티를 열거야.

B: We have a test on Monday. **I wonder how** many people will come. 월요일에 시험이 있잖아. 몇 명이나 올지 모르겠네.

A: How do you plan to go to school? 어떻게 등교하려고 해?

B: **I was wondering if** I could use your car. 네 차를 좀 써도 되겠어?

I enjoy~

…가 재미있어

음식을 맛있게 먹는 것도, 휴가를 즐겁게 지내는 것도 그리고 직장에서 일을 즐겁게 하는 것도 모두 enjoy 라고 표현한다. enjoy 다음에 명사나 ~ing가 이어진다.

핵심패턴

- ✓ **I enjoy+N** …가 재미있어
- ✓ **I enjoy ~ing** 재미있게 …하다
- ✓ **I enjoy myself ~** 즐기다

💬 Speak like this!

① **I enjoyed** my vacation. 휴가를 즐겁게 잘 보냈어요.

② **I enjoyed** the pizza. 피자 잘 먹었습니다.

③ **I enjoyed** swimming in the pool. 수영장에서 수영하는거 즐거웠어.

④ **I enjoyed** singing in the Karaoke room. 노래방에서 노래부른거 즐거웠어요.

⑤ **I enjoyed myself** when I went to Italy. 이탈리아에 갔을 때 난 정말 즐거웠어.

Real-life Conversation

A: **I enjoyed** your party. 파티 즐거웠어.

B: Good. I'm glad you were able to come. 다행이다. 와줘서 기뻐.

A: **I enjoyed** playing poker with you. 함께 포커게임 해서 즐거웠어.

B: Let's do it again sometime soon. 언제 한번 또 포커 하자.

I used to~

(과거에) …하곤 했어

'used to+동사원형'은 일상생활에서 빈도높게 쓰이는 표현으로, 「예전에 정기적으로(regularly) 무언가를 했다」는 의미. 참고로 「…에[…하는 데]익숙해져 있다」라는 의미의 '주어+be[get] used to+명사(혹은 명사 상당어구)'의 형태와 착각하면 안된다.

 핵심패턴

- ✓ **I used to+V** 예전에 …했어
- ✓ **There used to be~** 과거에 …있었어
- ✓ **be[get] used to+N[~ing]** …에 익숙해지다

💬 Speak like this!

① **I used to** jog every day. 예전에 매일 조깅을 했죠.

② **She used to** be his wife 그 여잔 예전에 그 사람 부인이었어.

③ **They used to** work together. 그 사람들은 예전에 같이 일했었어.

④ **He used to** play baseball with Tim. 걘 예전에 팀하고 야구를 하고 놀았지.

⑤ **There used to be** a grocery store here. 여기에 식료품점이 있었는데.

Real-life Conversation

A: I used to jog every day. 예전에는 매일 조깅을 했지.

B: That's very healthy. Why did you stop?
그거 굉장히 건강에 좋지. 왜 그만둔거야?

A: Does Tim know Jennifer very well? 팀은 제니퍼하고 아주 친해?

B: Sure. They used to work together. 그럼. 두 사람은 예전에 함께 일했었는걸.

I mean~

내 말은 …야

I mean~은 내가 한 말을 상대에게 확인시켜 주는 것으로 뒤에는 「(that)+주어+동사」 형태의 명사절이 온다. 반면 (Do) You mean~?이라고 하면 「…라는 말이죠?」라고 상대의 말을 제대로 이해했는지 확인사살할 때 쓰는 표현이다. 보통 Do를 생략하고 You mean~의 평서문 형태로 쓰는데, 문장 끝을 약간 올려 의문문을 만드는 경우이다.

 핵심패턴

- **I mean~** 내 말은 …야
- **I mean S+V** 내 말은 …야
- **Do you mean S+V?** …라는 말이지?
- **You mean~** 네 말은 …라는거지?

💬 Speak like this!

1. **I mean** he's a workaholic. 내 얘긴 걔가 너무 일만 한단 말이지.
2. **I mean** she's cute. 그러니까, 그 여자애가 예쁘다고.
3. **You mean** the new secretary? 새로 온 비서 말하는거야?
4. **You mean** the guy with blond hair? 금발머리 남자 말하는거야?
5. **You mean** you told her everything? 너 걔한테 다 얘기했단 말이야?

Real-life Conversation

A: I don't understand what you're saying. 무슨 얘기하는 건지 모르겠어.
B: **I mean** I want you to help me. 그러니까 내 말은, 네가 도와줬으면 한다고.

A: You should wear that shirt to work today. 오늘 저 셔츠 입고 출근해.
B: **You mean** the red one? 빨간 셔츠 말이야?

Do you mind~ ?

…해도 괜찮겠어?

상대의 양해를 구하는 표현으로 Do[Would] you mind~?는 「…해도 괜찮겠어요?」, 「…하면 안될까?」 정도
의 의미를 담은 표현. mind는 「꺼리다」, 「싫어하다」라는 부정적 뜻을 담고 있어 대답을 할 때는 부정의문문
에 대한 답처럼 해야 한다. No나 Not at all이라고 하면 「싫지 않다」, 즉 「그렇게 하라」는 의미이고 Yes라고
대답한다면 「싫다」, 그러니 「하지 말라」는 의미가 된다.

핵심패턴

- **Do you mind ~ing?** …해도 괜찮겠어?
- **Do you mind if~?** …해도 괜찮겠어?
- **Would you mind ~ing?** …해도 괜찮겠어?
- **Would you mind if~** …해도 괜찮겠어?

💬 Speak like this!

① **Would you mind** giving me a hand? 나 좀 도와주면 안될까?

② **Would you mind not** smoking here? 여기서 담배 안 피우시면 안돼요?

③ **Do you mind** picking me up tomorrow? 내일 날 데리러 와주면 안될까?

④ **Do you mind if** I turn the heat down? (난방기구의) 온도를 낮추면 안될까요?

⑤ **Would you mind if** I sit here for a second? 잠깐 여기 앉아도 괜찮을까요?

Real-life Conversation

A: **Would you mind** giving me a hand? 좀 도와주면 안될까?

B: Sorry, but I'm really busy at the moment. 미안하지만 지금은 정말 바빠.

A: **Do you mind if** I smoke? 담배 피우면 안될까?

B: Not at all. Please feel free to. 안되긴. 편안하게 피워.

PATTERN
104

I appreciate~

…가 고마워

I appreciate~ 다음에 다양한 명사를 넣어본다. 주의할 점은 I'd appreciate it if you could~의 형태가 되면 감사의 표현이 아니라 부탁의 표현이 된다.

핵심패턴

- ✓ **I appreciate+N** …가 고마워
- ✓ **I appreciate+N+ing** …가 …해줘서 고마워
- ✓ **I'd appreciate it if you could~** …해주면 고맙겠어

💬 Speak like this!

① **I appreciate** that. 감사합니다.

② **I appreciate** the suggestion. 제안해주신 것 감사합니다.

③ **I appreciate** your help. 도움 감사해요.

④ **I appreciate you** driving Jack home. 차로 잭을 집에 데려다줘서 정말 고마워.

⑤ **I'd appreciate it if you would** let me know. 알려주시면 고맙겠어요.

Real-life Conversation

A: Don't worry. I'll get it done for you. 걱정마. 널 위해 해낼테니까 말야.

B: **I appreciate** your help 도와줘서 고마워.

A: **I appreciate you** meeting these scientists.
네가 이 과학자들을 만나줘서 정말 고마워.

B: We have important things to discuss. 우린 토의할 중요한 것들이 있어.

Let's~

…하자

'Let us+동사원형'은 보통 'Let's+동사원형'으로 축약하여 나타내는, 유명한 「…하자」라는 표현이다. 또한 「내가 …할게」, 혹은 「내게 …해줘」라는 의미로 아주 많이 쓰이는 'Let me+동사원형'의 표현을 알아본다.

핵심패턴

- ✓ **Let's+V** …하자
- ✓ **Let me+V** 내가 …할게
- ✓ **Let me know~** …을 알려줘

💬 Speak like this!

① **Let's** take a coffee break. 잠깐 커피 마시며 쉬자구.

② **Let's** play golf this weekend. 이번 주말에 골프치자.

③ **Let me** help you with your baggage. 짐 드는 것 도와줄게요.

④ **Let me know** when you can come. 언제 올 수 있는지 알려줘.

⑤ **Let me know** how to use it. 이거 어떻게 사용하는지 알려줘.

Real-life Conversation

A: I feel really sleepy. 굉장히 졸려.

B: Let me get you some coffee. It will wake you up.
내가 커피 갖다줄게. 잠이 깰거야.

A: Let me know what you think. 네 생각은 어떤지 알려줘.

B: Hmm… I have to think about it for a second. 음… 잠깐 생각 좀 해봐야겠어.

1 I don't like to~ 다음에 다양한 동사나 ~ing를 넣어보자.

1. 클래식 음악 듣는 걸 싫어해(hear classic music)

_____

2. 시간낭비하고 싶지 않아(waste my time)

_____

3. 그거 하기 싫어(do that)

_____

> **정답** 1. I don't like hearing classical music 2. I don't like wasting my time 3. I don't like to do that

2 I don't know that/what~ 다음에 다양한 문장을 넣어보자.

1. (미안해서) 뭐라 말해야 할지(what to say)

_____

2. 걔한테 무슨 문제가 있는지 모르겠어(be wrong with)

_____

3. 어떻게 된 건지 몰라(what happened)

_____

> **정답** 1. I don't know what to say 2. I don't know what's wrong with her 3. I don't know what happened

3 I don't think~ 다음에 다양한 문장을 넣어보자.

1. 나 이거 못할 것 같아(do this)

_____

2. 운전 면허증을 못 딸 것 같아(my driver's license)

_____

3. 가능할 것 같지 않은데(be possible)

_____

> **정답** 1. I don't think I can do this 2. I don't think I can get my driver's license 3. I don't think that will be possible

4 I feel like~ 다음에 다양한 동사의 ~ing를 넣어보자.

1. 커피 한잔 마시고 싶어(a cup of coffee)

2. 점심으로 피자 먹고 싶어(for lunch)

3. 오늘 밤은 아무데도 가기 싫어(go anywhere)

> 정답 1. I feel like having a cup of coffee 2. I feel like having pizza for lunch 3. I don't feel like going anywhere tonight

5 (Do) You mean~? 다음에 다양한 문장을 넣어보자.

1. 그럼 지금 사귀는 사람이 없다는 말야?(see anyone)

2. 저녁 먹으러 못 온다는 말야?(come over)

3. 걔가 날 좋아할 지도 모른단 말야?(might)

> 정답 1. So you mean now you're not seeing anyone? 2. Do you mean you won't be coming over for dinner? 3. You mean he might like me?

6 I used to~ 다음에 다양한 동사를 넣어보자.

1. 우린 학교를 빼먹곤 했어(skip school)

2. 대학때 과음하곤 했어(drink a lot)

3. 씨름은 예전에 더 인기있었지(more popular)

> 정답 1. We used to skip school together 2. I used to drink a lot in college 3. Ssireum used to be more popular

Chapter

7

초간단 영어말하기

Excuse me~

실례지만,

Excuse me는 말을 걸기 전에 상대의 주의를 끌고자 할 때, 발을 밟거나 부딪치는 등의 사소한 실례를 범했을 때, 혹은 잠깐 자리를 뜰 때 쓰는 표현이다.

핵심패턴

- ✓ **Excuse me,** 실례지만,
- ✓ **Please excuse us~** …자리 좀 비우겠습니다
- ✓ **Excuse me?** 뭐라고 하셨죠?

💬 Speak like this!

① **Oh, Excuse me.** I stepped on your foot. 어머, 미안해요. 발을 밟았네요.

② **Excuse me** for a second. I'll be right back. 잠깐 실례해요. 곧 돌아올게요.

③ **Excuse me,** coming through. 실례지만 지나갈게요.

④ **Please excuse** my broken English. 영어가 서툴러도 이해해 주세요.

⑤ **Please excuse** Lisa for being absent.
리사가 결석하게 되어 죄송합니다. (학부모가 학교측에)

Real-life Conversation

A: **Excuse me** for a second. I'll be right back. 잠깐 실례할게. 곧 돌아올거야.

B: Take your time. 천천히 갔다 와.

A: **Please excuse us** for a moment. 잠깐 자리 좀 비켜주세요.

B: Of course. You can call me if you're ready. 그러죠. 준비가 되면 부르세요.

Just~

단지 그것만

just는 보통 동사를 수식해서 「지금 막」, 「겨우」, 「그냥」 등의 의미로도 많이 쓰이지만, 여기서는 주어·동사 없이 'Just + 명사'의 형태로 범위를 제한하는 표현만 살펴보기로 한다.

핵심패턴

✔ **Just+N** 단지 그것만

💬 Speak like this!

① **Just** cream, please. 프림만 넣어주세요.

② **Just** a moment. 잠시만.

③ **Just** one night. 딱 하룻밤만.

④ **Just** myself. 저 혼자만요.

⑤ **Just** a little. 조금만.

Real-life Conversation

A: Do you miss your ex-girlfriend much? 옛날 여자친구가 많이 그리워?

B: **Just** a little. I think about her sometimes.
그냥 조금. 가끔 걔 생각을 할 때가 있지.

A: Let's go. We'll be late. 가자. 늦겠어.

B: **Just** a moment. I have to finish my make-up. 잠시만. 화장은 다 해야지.

Have a nice~

즐건 …보내

Have a nice day!(좋은 하루 되기를!)라든가 Have a nice trip!(즐거운 여행 되기를!) 등과 같이, 'Have a nice+명사'의 형태로 가볍게 인사를 나눌 수 있다.

핵심패턴

✓ **Have a nice+N** 즐건 …보내

💬 Speak like this!

① **Have a nice** time. 즐거운 시간 보내.

② **Have a nice** vacation. 휴가 즐겁게 보내.

③ **Have a nice** flight. 비행기 여행이 즐거우시길.

④ **Have a nice** trip. 즐거운 여행 되기를.

⑤ **Have a nice** weekend. 즐거운 주말 보내.

Real-life Conversation

A: I'm flying to L.A. next Saturday. 나 다음 주 토요일에 비행기 타고 LA에 가.

B: That sounds exciting. **Have a nice** trip. 신나겠구나. 즐거운 여행 되길 바래.

A: **Have a nice** vacation. 휴가 즐겁게 보내.

B: Thanks. I'm planning to spend a lot of time on the beach.
고마워. 해변에서 실컷 있으려고 해.

PATTERN
109

See you~

…에 봐

See you 다음에는 later처럼 시간을 나타내는 부사나 '전치사+시간, 요일, 날짜'로 이루어진 부사구를 붙여 「…에 또 보자」고 인사할 수 있다.

핵심패턴

✓ **(I'll) See you~** …에 봐

💬 **Speak like this!**

① **See you** on Monday. 월요일날 봐.

② **See you** next Friday. 다음 주 금요일에 봅시다.

③ **See you** at 7. 그럼 7시에 보자.

④ **See you** then. 그럼 그때 보자. (다시 만날 때가 정해져 있을 때)

⑤ **See you** tomorrow. 내일 봐.

Real-life Conversation

A: I'm finished. **See you** on Monday. 제 일은 끝났어요. 월요일날 봐요.

B: Thanks, Tracey. Have a great weekend.
수고했어요, 트레이시. 즐거운 주말 보내요.

A: I enjoyed having dinner with you. 함께 저녁 먹어서 즐거웠어.

B: Let's do it again sometime. **See you** soon. 언제 또 식사 같이 하자구. 곧 또 봐.

Good~

좋은 …야

「행운을 빈다」라든가 「정말 잘했어」 등등의 따뜻한 말 한마디가 듣는 사람의 기분을 업시켜준다. 또한 Good morning이나 Good afternoon 역시 이와 같은 Good+명사의 형태이며, Good+명사 형태는 아니지만 「잘됐다」, 「잘했어!」란 의미의 Good for you!도 덤으로 알아둔다.

✓ **Good+N** 좋은 …야

💬 Speak like this!

① **Good** luck! 행운을 빌어!

② **Good** presentation! 발표회 아주 좋았어!

③ **Good** idea! 좋은 생각이야!

④ **Good** point! 좋은 지적이야[바로 그거야]!

⑤ **Good** for you! 참 잘됐다!, 잘했어!

Real-life Conversation

A: I got the highest grade on the exam. 시험에서 제일 높은 점수를 받았어.
B: **Good** for you! 잘했어!

A: Mr. Smith, I finished all of my class work. 스미스 선생님, 과제 다 끝냈어요.
B: **Good** job. You may go now. 잘했다. 이제 가도 돼.

Happy~ !

행복한 …가 되길!

Happy birthday!(생일 축하해)와 같이 'Happy+특별한 날'의 형태로 각 행사(?)에 어울리는 축하인사를 만들 수 있다. Happy~ 다음에 다양한 특별한 날을 넣어 말해본다.

핵심패턴

✓ **Happy+특별한 날!** 행복한 …가 되길!

💬 Speak like this!

① **Happy** New Year! 행복한 새해 되길!

② **Happy** Valentine's Day! 행복한 발렌타인 데이 되세요!

③ **Happy** Easter! 부활절 축하해요!

④ **Happy** Thanksgiving! 추수감사절 축하해요!

⑤ **Happy** anniversary! 결혼기념일 축하해요!

Real-life Conversation

A: **Happy** New Year! 행복한 새해 되길!

B: Let's hope we all have a wonderful year. 우리 모두 멋진 한 해 되길 바래.

A: Why did you buy me this gift? 왜 선물은 사주고 그래?

B: **Happy** anniversary. Did you forget? 결혼기념일 축하해. 잊었어?

Congratulations on~

…을 축하해

Congratulations on~ 다음에 기념할 만한 일을 구체적으로 언급할 수 있다. 물론 Congratulations!만으로도 훌륭한 축하인사인데, 항상 복수의 형태로 끝에 -s가 붙는다는 거 잊지 말자.

핵심패턴

✓ **Congratulations on+기념할만 일[~ing]** …을 축하해

💬 Speak like this!

① **Congratulations on** your wedding! 결혼을 축하해!

② **Congratulations on** your graduation! 졸업 축하해!

③ **Congratulations on** your promotion! 승진 축하해!

④ **Congratulations on** having a baby! 아기 가진 것[낳은 것] 축하해!

⑤ **Congratulations on** passing your exam! 시험에 합격한 것 축하해!

Real-life Conversation

A: **Congratulations on** your graduation! 졸업 축하해!

B: I'm so happy to be finished with school. 학교 과정이 다 끝나서 너무 기뻐.

A: They made me a vice president of the company.
회사에서 내게 부사장 직을 맡겼어.

B: **Congratulations on** your promotion! 승진 축하해!

No~

…가 아냐

「전혀 …가 아니다」, 「…하지 않다」는 말을 하고 싶을 때 No와 Not을 이용해 간단하게 표현할 수 있다. 기억해야 할 것은 No와 「명사」, Not과 「형용사 · 부사」가 옳은 짝이라는 것이다. 굳이 품사를 따지자면 no는 형용사이고 not은 부사이기 때문이다.

 핵심패턴

- **No+N** …가 아냐
- **Not+형용사[부사]** …가 아냐

💬 Speak like this!

① **No** doubt. 의심할 여지도 없지[물론이지].

② **No** wonder. 놀랄 것도 없지[당연하지].

③ **No** kidding. 농담 아냐[농담하지마].

④ **No** way. 말도 안돼[절대 안돼].

⑤ **Not** so good. 그렇게 좋은 건 아냐.

Real-life Conversation

A: Dorothy and Lyman are splitting up. 도로시하고 라이먼은 갈라설거야.

B: No kidding. I thought they had a strong marriage.
말도 안돼. 금슬이 좋은 줄 알았는데.

A: You mean she acts cruel and spoiled? 걔가 인정머리 없고 버릇없이 군다 이거지?

B: Not exactly, but she's not a very kind person.
꼭 그렇다기 보다는, 별로 상냥한 애는 아니란거지.

Any~ ?

…이 있어?

어떤 명사의 수나 양이 정확하지 않을 때 any를 쓰는데, any 다음에 「명사」를 넣어 끝을 올려 말하는 것만 으로도 「…이 있어?」라는 훌륭한 표현이 된다. anything은 「수나 양이 불분명한 어떤 것」을 말하는데, 뒤에 anything을 수식해주는 '형용사나 to부정사(to+동사원형)'가 와서 「…한 거라도 있어?」라고 물어보는 표현 을 만들 수 있다.

핵심패턴

- ✔ **Any+N?** …이 있어?
- ✔ **Anything+수식어구?** …한 것 있어?
- ✔ **Any questions?** 질문 있나요?
- ✔ **Any other questions?** 다른 질문 있나요?

💬 Speak like this!

① **Any** messages for me? 저한테 메시지 남긴 것 있나요?

② **Any** medicine for headache? 두통약 있나요?

③ **Anything** wrong? 뭐 잘못된거라도 있어?

④ **Anything** special? 뭐 특별한 것 있어?

⑤ **Anything** new? 뭐 새로운거라도 있어?

Real-life Conversation

A: **Any** messages for me? 저한테 온 메시지 있나요?

B: Your lawyer called and he wants you to call back.
변호사한테 전화왔었는데 전화해달래요.

A: **Anything** new? 뭐 새로운 일 좀 있냐?

B: Not much. How about you? 별로. 넌 어때?

전치사~

…에

약속을 정할 때 "7시에 만나자"라고 대답할 수도 있지만 "7시에"라든가 "7시쯤"까지만으로도 훌륭한 대답이 될 수 있다. 영어에서도 '전치사+명사'의 형태로 이렇게 간략한 대답을 할 수 있다.

 핵심패턴

- ✓ 시간전치사: at, in, on, after, before, around
- ✓ 장소전치사: at, in, near, from, to
- ✓ 기타전치사: on, by, for

💬 Speak like this!

① **At** 7 (o'clock). 7시에.

② **Around** 4 (o'clock). 4시쯤에.

③ **At** the Hilton Hotel. 힐튼호텔에(서).

④ **Near** the station. 역 근처에(서).

⑤ **By** credit card. 신용카드로요.

Real-life Conversation

A: When is your flight scheduled for? 비행기가 언제 뜨기로 되어있지?
B: **At** 6 a.m. I've got to wake up early. 오전 6시에. 일찍 일어나야 돼.

A: Where are you going to stay? 어디서 묵을거야?
B: **At** the Drake Hotel. 드레이크 호텔에서.

What a~ !

참 …해!

What a~ 다음에 칭찬하고 싶은, 혹은 혹독하게 비난하고 싶은 명사를 넣어주면 감탄문이 된다. 이처럼 What a~ 다음에 '명사'가 오는데, 그 명사에 대한 수식어, 즉 형용사가 따라붙는 경우도 많다.

핵심패턴

✓ **What a+N!** 참 …해!

💬 Speak like this!

① **What a** surprise! 놀랍기도 하지!

② **What a** cute girl! 세상에, 여자애가 예쁘기도 하지!

③ **What** lovely flowers! 어머나, 꽃들이 참 예쁘기도 해라!

④ **What** beautiful weather! 날씨 참 좋다!

⑤ **What a** long day! I'm really tired. 정말 힘든 하루였어! 굉장히 피곤하다.

Real-life Conversation

A: Look at this. It's a picture of my girlfriend. 이것 좀 봐. 내 여자친구 사진이야.
B: **What a** pretty girl! 세상에, 정말 예쁘다!

A: **What** beautiful weather! 날씨 참 좋다!
B: Yeah, I always love it when spring weather arrives.
그러게. 난 늘 봄날씨가 되면 너무 좋더라.

한단어로 말하기

상대방의 말에 대해서 「바로 그거야」하고 한마디로 맞장구칠 수 있다. Exactly!인데 exactly는 「정확하게」, 「조금도 틀림없이」라는 의미의 부사이다. 이렇게 「부사」를 이용해서도 감탄의 표현, 적극적인 반응의 표현을 만들 수 있다. 물론 억양을 풍부하게, 표정도 맞춰주면 금상첨화!

✓ 형용사 | 부사! …해!

💬 Speak like this!

① **Excellent!** 아주 훌륭해!

② **Unbelievable!** 믿을 수 없구만[놀라워!]

③ **Absolutely!** 그렇고 말고!

④ **Certainly not!** 물론 그렇지 않애[절대 싫어!]

⑤ **Absolutely not!** 절대 그렇지 않아!

Real-life Conversation

A: **You mean, I should never give up?** 네 말은 포기하면 안된다는거지?

B: **Exactly! Get out there and try again.** 바로 그거야! 가서 다시 한번 해봐.

A: **Dad, I want to spend the night at my girlfriend's house.**
아빠, 여자친구네 집에서 하룻밤 자고 오고 싶은데요.

B: **Absolutely not!** 절대로 안된다!

1 Excuse me~ 다음에 다양한 문장을 넣어보자.

1. 실례합니다, 제가 길을 잃은 것 같아요(be lost)

_____

2. 죄송합니다, 뭐라고 하셨죠?(say)

_____

3. 실례지만 이 옷 얼마예요?(this dress)

_____

정답 1. Excuse me, I think I'm lost 2. Excuse me, what did you say? 3. Excuse me, how much is this dress?

2 Please excuse~ 다음에 다양한 명사를 넣어보자.

1. 양해를 해준다면, 괜찮으면(If)

_____

2. 방해해서 미안하지만, 짐 블랙 씨인가요?(interrupt)

_____

3. 전화받는 동안 잠시 양해를 구할게요(while I take this call)

_____

정답 1. If you'll excuse me 2. Excuse me for interrupting, but are you Jim Black? 3. Would you excuse me for a second while I take this call?

3 What a~! 다음에 다양한 명사를 넣어보자.

1. 저런!(a pity)

_____

2. 참 좋은 생각이군요!(a great idea)

_____

3. 집이 참 멋지군요!(a lovely house)

_____

정답 1. What a pity! 2. What a great idea! 3. What a lovely house you have!

4 Thank you[Thanks] for~ 다음에 다양한 명사 혹은 ~ing를 넣어보자.

1. 병원에 와줘서 고마워(in the hospital)

_____

2. 수고해줘서 고마워(your trouble)

_____

3. 사실을 말해줘서 고마워(tell me the truth)

_____

정답 1. Thank you for visiting me in the hospital 2. Thank you for your trouble 3. Thank you for telling me the truth

패턴만 알아도 영어가 된다!

Chapter

8

명령문 만들기

118

Be~

…해

be동사로 시작하는 명령문은 상대에게 어떤 상태가 될 것을 요구하는 표현이 많고, Be~로 시작하는 명령문은 'Be+형용사'의 형태인 경우가 가장 일반적이다. 그밖에 'Be+명사' 형태의 명령문이 있으며 끝으로 Be동사 뒤에 전치사+명사로 이루어진 '전치사구' 역시 올 수 있다.

핵심패턴

✓ **Be+형용사** …해
✓ **Be+N[전치사+N]** …해
✓ **Be sure to+V~** 확실히 …해

💬 Speak like this!

① **Be** quiet. 조용히 해.

② **Be** honest with me. 나한테 좀 솔직해 봐.

③ **Be sure to** call him back. 반드시 걔한테 전화해 줘.

④ **Be a** good boy. 착한 아이가 되어야지.

⑤ **Be** at home. 집에 있어.

Real-life Conversation

A: It's Friday the thirteenth. **Be careful.** 오늘 13일의 금요일이야. 조심해.

B: Are you serious? I didn't know you were superstitious.
진심이야? 네가 미신을 믿는 줄은 몰랐는걸.

A: **Be sure to** call him back. 반드시 걔한테 전화해 줘.

B: Don't worry. I will. 염려마. 그렇게 할게.

Go~

…로 가

'Go+부사[전치사]'의 형태는 '어떻게 가라'고 길을 알려줄 때 아주 유용하게 쓰이는 문형이다. 또한 'Go+to 부정사,' 즉 'Go+to+동사원형'의 형태로 「가서 …하라」는 표현을 만들 수 있다.

✓ **Go+부사[전치사구]** …로 가
✓ **Go to+V** …하러 가

💬 Speak like this!

① **Go** straight for 2 blocks. 이 길로 곧장 2블럭을 가세요.

② **Go** up the stairs. 이 계단을 올라가세요.

③ **Go** through the shopping center. 쇼핑센터를 통과해서 가세요.

④ **Go and** get some rest. 가서 좀 쉬어.

⑤ **Go** get some drinks. 가서 음료수 좀 사와라.

Real-life Conversation

A: Where can I get the train to Seattle? 시애틀로 가는 기차는 어디서 타요?
B: **Go** down the stairs to platform 5. 계단을 내려가서 5번 승강장으로 가세요.

A: The rash on my skin keeps getting worse.
피부에 뾰루지가 점점 심해지고 있어.
B: Hurry and **go to** see a doctor. 어서 병원에 가봐.

Take~

…해

take는 「잡다」, 「취하다」라는 의미를 갖는 기본동사인데, Take your time(천천히 해) 등의 표현에서와 같이 명령문의 형태에서 자주 볼 수 있는 동사이다.

핵심패턴

✓ **Take+N** …해

💬 Speak like this!

① **Take** the number 28 bus. 28번 버스를 타세요.

② **Take** the elevator to the seventh floor. 엘리베이터를 타고 7층까지 가세요.

③ **Take** this medicine. 이 약을 드세요.

④ **Take** care of yourself. 몸조심해(=Take care, 작별인사).

⑤ **Take** the subway. 지하철을 타세요.

Real-life Conversation

A: How do I get downtown from here? 여기서 시내로 어떻게 가요?

B: Take the number 28 bus. 28번 버스를 타세요.

A: Here, take this medicine. 자, 이 약 먹어.

B: Will it help me get rid of my cold? 이거 먹으면 감기를 떨어뜨리는데 도움이 될까?

PATTERN
121

Turn~

…로 도세요

「몸을 돌리다」, 「방향을 바꾸다」라는 의미의 Turn 역시 앞의 Go와 마찬가지로 길을 설명해 줄 때 많이 쓰이는 동사이다. Turn right(오른쪽으로 도세요), Turn left(좌회전 하세요) 등에서와 같이 뒤에 방향을 나타내는 부사를 함께 써주면 된다.

핵심패턴

✓ **Turn+부사** …로 도세요

💬 Speak like this!

① **Turn** left at the next corner. 다음번 모퉁이에서(at the next corner) 좌회전하세요

② **Turn** right at the intersection. 교차로에서 우회전하세요.

③ **Turn** left onto 5th Avenue. 좌회전해서 5번가로 들어가세요.

④ **Turn** right at the next traffic light. 다음 신호등에서 우회전하세요.

⑤ **Turn** left at the intersection. You'll see it.
교차로에서 오른쪽으로 꺾어지세요. 보일거예요.

Real-life Conversation

A: Where is the nearest grocery store? 제일 가까운 식료품점이 어디죠?

B: **Turn** left at the intersection. You'll see it.
교차로에서 오른쪽으로 꺾어지세요. 보일거예요.

A: **Turn** left at the traffic light. 신호등 있는데서 좌회전해.

B: Are you sure we're going the right way? 우리, 제대로 가고 있는거 맞아?

V+목적어

…해

일반동사의 원형 다음에 목적어가 오는 명령문을 만나보고 또한 이런 일반동사의 목적어 yourself가 오는 명령문도 살펴보도록 한다.

핵심패턴

- ✓ **V+목적어** …해
- ✓ **V+oneself~** …해
- ✓ **V+A+B** …에게 …해

💬 Speak like this!

① **Keep** the change. 거스름돈은 가지세요.

② **Say** hello to your parents for me. 부모님께 안부 전해줘.

③ **Help yourself to** the cake. 케익 드세요.

④ **Make yourself at** home. 편안히 있어(자기 집에 있는 것처럼 편히 하라는 의미)

⑤ **Leave** it to me. 내게 맡겨[내가 알아서 할게].

Real-life Conversation

A: **Say** hello to your parents for me. 부모님께 안부 전해줘.
B: Sure. I'll tell them I saw you. 응. 너 만났다고 얘기할게.

A: **Send** me an e-mail. I want to keep in touch.
나한테 이메일 보내. 계속 연락하고 지내고 싶어.
B: I'd be happy to. 그럼. 보내고 말고.

Don't~

…하지마

부정명령문은 'Don't+동사원형~'의 형태가 된다. 먼저 Don't be+형용사, 그리고 Don't+V[일반동사]의 형태로 써주면 된다. 강조하면 Don't~ 대신에 Never~를 쓰면 된다.

핵심패턴

- ✓ **Don't be~** …하지마
- ✓ **Don't+V** …하지마
- ✓ **Never+V** 절대로 …하지마

💬 Speak like this!

① **Don't be** sorry. 미안해하지마.

② **Don't be** nervous. 긴장하지마.

③ **Don't** do that. 그런 짓 하지마.

④ **Don't forget to** call him. 걔한테 전화하는거 잊지마.

⑤ **Never** give up. 절대 포기하지마.

Real-life Conversation

A: **Don't be** sorry. You'll learn from your mistake.
미안해하지 말아요. 실수를 하면서 배우는거니까.

B: You're so kind. 정말 자상하시네요.

A: It's your uncle's birthday. **Don't forget to** call him.
삼촌 생신이야. 전화드리는거 잊지마.

B: I'll do that right now. 지금 전화할게.

1 Be~ 다음에 다양한 형용사를 넣어보자.

1. 조급하게 굴지마(patient)

2. 진정해라(cool)

3. 조심해(careful)

> 정답 1. Be patient 2. Be cool 3. Be careful

2 Take~ 다음에 다양한 명사를 넣어보자.

1. 숨을 깊게 들이쉬어, 진정해(a deep breath)

2. 받든지 말든지 알아서 해(leave)

3. 하루 쉬어(take off)

> 정답 1. Take a deep breath 2. Take it or leave it 3. Take a day off

3 Don't be~ 다음에 다양한 형용사를 넣어보자.

1. 웃기지마, 말도 안돼(ridiculous)

2. 화내지마(be upset)

3. 내게 너무 심하게 하지마(hard on)

> 정답 1. Don't be ridiculous 2. Don't be upset! 3. Don't be so hard on me

4 Don't~ 다음에 다양한 동사를 넣어보자.

1. 걱정하지마(a second thought)

_____

2. 기분 나쁘게 받아들이지마(take it personally)

_____

3. 한 마디도 하지마(say a word)

_____

정답 1. Don't give it a second thought 2. Don't take it personally 3. Don't say a word

5 Never~ 다음에 다양한 동사를 넣어보자.

1. 절대 거짓말 하지마(tell a lie)

_____

2. 자동차 영업사원은 절대 믿지마(a car salesman)

_____

3. 아내가 절대 바람피지 않도록 해(cheat on)

_____

정답 1. Never tell a lie 2. Never trust a car salesman 3. Never let your wife cheat on you

패턴만 알아도 영어가 된다!

Chapter

9

궁금한거 물어보기

What's~ ?

…가 뭐야?

「What is your+명사?」의 형태로 상대방에게 궁금한 것을 물어볼 수 있는데, What is~?는 What's~? 로 축약되어 쓰이는 경우가 많다. 또한 What is+명사like?에서 What~like?는 How~?하고 같은 의미로 '명사'가 어떠냐고 물어보는 것이다. What does ~ look like?라는 표현과 종종 비교되는데 What is+명사+ like?는 사람이나 사물의 「성격」이나 「성질」을 그리고 What does ~ look like?는 단순히 「외관」 (appearance)이 어떤 모습인지를 물어보는 표현이다.

핵심패턴

- ✓ **What's+N?** …가 뭐야?
- ✓ **What's your~?** 네 …가 뭐야?
- ✓ **What's ~ like?** …가 어때?
- ✓ **What does~ look like?** …의 외관이 어때?

💬 **Speak like this!**

① **What is your** online chatroom ID? 인터넷 채팅방에서 네 아이디가 뭐야?

② **What is your** favorite food? 좋아하는 음식이 뭐야?

③ **What is your** suggestion? 뭘 제안하는거죠?

④ **What is your** e-mail address? 네 이메일 주소가 어떻게 돼?

⑤ **What was** the show **like** last night? 어젯밤 공연은 어땠어?

| Real-life Conversation |

A: **What is your** favorite food? 좋아하는 음식이 뭐야?

B: I like pizza with extra cheese and pepperoni.
피자를 좋아해. 치즈와 페퍼로니를 추가로 얹은 걸로.

A: **What is your** new house **like**? 새로 이사한 집 어때요?

B: It's quite nice, but it needs a lot of work. 꽤 좋긴 한데 손봐야 할 게 많아요.

PATTERN
125

What are you~?

너 …하고 있어?

What are you~ 다음에 다양한 동사의 ~ing 형태를 넣어본다. 특히 What are you going to+V?는 상대방이 앞으로 무엇을 할 것인지 물어보는 패턴이다.

핵심패턴

- ✔ **What are you~ing?** 너 …하고 있어?
- ✔ **What are you going to+V?** 너 …할거야?

💬 Speak like this!

① **What are you** looking for? 뭘 찾고 있어?

② **What are you** doing here? 여기서 뭐하고 있는거야?

③ **What are you** saying? Am I rude? 무슨 말이야? 내가 무례하다는거야?

④ **What are you** listening to? 뭘 듣고 있는거야?

⑤ **What are you** going to do? 뭘 할 거야?(어떻게 할거야?)

Real-life Conversation

A: **What are you** looking for? 뭘 찾고 계시나요?
B: I need to find an umbrella. 우산을 사려구요.

A: **What are you** talking about? 무슨 말이야?
B: I'm talking about me having a baby. 내가 임신했다는 이야기야.

PATTERN
126

What do you~?

넌 …을 해?

What do you~ 다음에 다양한 일반동사를 넣어본다.

핵심패턴

- **What do you+V?** 넌 …을 해?
- **What did you+V?** 넌 …을 했어?

💬 Speak like this!

1. **What do you** mean? 무슨 소리야?
2. **What do you** call this flower? 이 꽃은 뭐라고 불러?
3. **What do you** do? 어떤 일을 하세요?[직업이 뭔가요?]
4. **What did you** talk to Gail about? 게일하고 무슨 얘기 했어?
5. **What did you** do on your leave? 휴가 때 뭐했어?

Real-life Conversation

A: I'm a teacher. **What do you** do? 전 교사예요. 무슨 일을 하세요?

B: I work as a computer salesman. 컴퓨터 판매원으로 일하고 있어요.

A: **What did you** do on your leave? 휴가 때 뭐했어?

B: I went to Japan with my dad. 아버지와 일본에 갔었어.

What do you think~ ?

…을 어떻게 생각해?

상대방의 의견을 물어볼 때 쓰는 가장 전형적인 표현중의 하나. 먼저 물어보고 싶은 내용을 먼저 말하고 나서 (앞에 말한 내용을) 어떻게 생각해?라는 의미로 What do you think (of that)?이라고 하거나 아니면 What do you think of[about]~ 다음에 물어보는 내용을 명사 혹은 ~ing형태를 갖다 붙여도 된다.

핵심패턴

- **What do you think~ ?** …을 어떻게 생각해?
- **What do you think of[about] +N[~ing]** …에 대해 어떻게 생각해?
- **What do you think of[about] sb ~ing** …가 …하는 것에 대해 어떻게 생각해?
- **What do you think of sth that~** …한 …에 대해 어떻게 생각해?
- **What do you think S+V?** …가 …라고 생각해?

💬 Speak like this!

① **What do you think of** my new car? 내 새 차에 대해서 어떻게 생각해?

② **What do you think of** your life so far? 지금까지의 네 인생을 어떻게 생각해?

③ **What do you think** they are talking about? 걔네들이 뭐에 대해 얘기하고 있다고 생각해?

④ **What do you think** you're doing? 네가 지금 무엇을 하고 있다고 생각해?, 무슨짓야?

⑤ **What do you think** Neil said to Helen? 닐이 헬렌에게 뭐라고 얘기했다고 생각해?

| Real-life Conversation |

A: **What do you think of** my new car? 내 새 차 어떻게 생가해?

B: Well, it looks great. 음. 근사해보이네.

A: **What do you think of** the way I decorated? 내가 장식한거 어떻게 생각해?

B: Your house looks very exotic. 네 집은 매우 이국적으로 보여.

What can~ ?

무엇을 …할까?

조동사 can, should 등이 들어간 What 의문문을 만나본다. 여기서는 조동사로 do가 아닌 can이나 should 등 기타 여러가지 조동사가 쓰인 문형을 알아보기로 한다.

핵심패턴

✓ **What can~ ?** 무엇을 …할까?
✓ **What should~ ?** 무엇을 …해야 될까?
✓ **What would~ ?** 무엇을 …할까?

💬 Speak like this!

① **What can** I do for you? 무엇을 도와드릴까요?
② **What should** I do? 내가 어떻게 해야 하는거지?
③ **What should** I tell her? 걔한테 뭐라고 말해야 하는거지?
④ **What would** you like? 뭘 드실래요?
⑤ **What can** we do for her? 우리가 걔한테 뭘 해줄 수 있겠어?

Real-life Conversation

A: **What can** I do for you? 무엇을 도와드릴까요?
B: Can I have a refund for this shirt? 이 셔츠 환불해주시겠어요?

A: My car won't start. **What should** I do? 자동차 시동이 안걸려. 어떻게 해야 하지?
B: Call a repair shop. 정비소에 전화해.

What time~ ?

몇시에 …해?

What time은 '언제'인지를 묻는 표현으로 아주 구체적인 시간을 물어볼 때 사용하는 표현이다. 어순은 What time을 한 덩어리로 생각해, 'What time+be동사나 조동사+주어~?'로 물어보면 된다. What kind of+명사 ~?'의 형태로 '어떤 종류의 것'인지 물어보는 의문문도 함께 알아둔다.

- ✓ **What time~?** 몇시에 …해?
- ✓ **What kind of~?** 어떤 종류의 …을 …해?

💬 Speak like this!

① **What time** does the restaurant close? 식당은 몇시에 문을 닫아요?

② **What time** is good for you? 몇시가 좋아요? (약속 정할 때)

③ **What time** did you come? 너 몇시에 왔어?

④ **What kind of** girl do you want to marry? 넌 어떤 여자와 결혼하고 싶어?

⑤ **What kind of** movies do you like? 넌 어떤 종류의 영화를 좋아해?

Real-life Conversation

A: Let's meet again next week. 다음 주에 다시 만나죠.

B: That's fine. **What time** is good for you? 좋아요. 몇시가 좋으세요?

A: **What kind of** girl do you want to marry? 어떤 여자하고 결혼하고 싶어?

B: I'd prefer a girl who is intelligent. 지적인 여자가 좋아.

What makes you+V?

어째서 …하는거야?

'주어+make+사람+동사원형'이라고 하면 「주어가 …를 …하게 만들다」라는 의미. 그래서 What makes you+동사원형?으로 물어보면 「무엇이 너를 …하게 만들었니?」, 즉 「어째서 …하는 거니?」라는 의미가 된다. ' '원인'을 물어보는 의문문이 된다.

핵심패턴

> ✓ **What makes you+V?** 어째서 …하는거야?
> ✓ **What made you+V?** 어째서 …한거야?

💬 **Speak like this!**

① **What makes you** say so? 어째서 그렇게 말하는거니?

② **What makes you** think you're right? 어째서 네가 옳다고 생각하는거야?

③ **What makes you** believe her lies? 어째서 걔가 하는 거짓말을 믿는거야?

④ **What made you** come here? 여긴 어쩐 일로 왔어요?

⑤ **What made you** quit your job? 어째서 일을 그만뒀어요?

Real-life Conversation

A: I have a feeling that Jill is going to quit her job.
질이 직장을 그만두려는 것 같아.

B: **What makes you** say so? 왜 그렇게 말하는거야?

A: **What made you** quit your job? 어째서 일을 그만둔거야?

B: I really hated to wake up early. 일찍 일어나기가 정말 싫더라구.

What brings you~?

어쩐 일로 …에 온거야?

What brings you~ 다음에 다양한 to+장소를 넣어본다. 현재의 일에 대해서는 What 'brings' you to+장소?를, 과거의 일에 대해서는 What 'brought' you to+장소?를 써서 이유를 물어본다.

 핵심패턴

- ✓ **What brings you~?** …에는 어쩐 일야?
- ✓ **What brought you~?** 어쩐 일로 …에 온거야?

💬 Speak like this!

① **What brings you** to my house? 우리 집엔 어쩐 일이야?

② **What brings you** here? 여긴 어쩐 일이야?

③ **What brings you** to my office? 사무실엔 웬일로 왔어?

④ **What brings you** to New York? 뉴욕에는 어쩐 일이야?

⑤ **What brought you** to the US? 미국에는 어떻게 오게 됐어?

Real-life Conversation

A: **What brings you** to my house? 저희 집엔 어쩐 일로 오셨어요?

B: I was in your neighborhood and wanted to say hello.
이웃에 살았었는데 인사나 나눌까 해서요.

A: **What brings you** to New York? 뉴욕에는 어떻게 왔어?

B: My company sent me here on a business trip.
회사에서 여기로 출장을 보냈어.

When's ~

…가 언제야?

When~의 가장 기본적인 패턴으로 When~ 다음에 be동사+주어가 오는 의문문을 만들어 본다. 복수면 When are~, 과거면 When was~라고 하면 된다.

핵심패턴

> ✓ **When is~?** …가 언제야?
> ✓ **When was~?** …가 언제였어?

💬 Speak like this!

① **When is** your birthday? 네 생일은 언제니?

② **When is** the check-out time? 체크아웃 시간이 언제야?

③ **When is** the report due? 리포트는 언제까지야?

④ **When was** the last time you saw her? 걜 마지막으로 본 게 언제였어?

⑤ **When is** a good time for you to talk? 언제가 얘기하기 편한 시간인가요?

Real-life Conversation

A: **When is** the check-out time in this hotel? 이 호텔 체크아웃 시간은 언제예요?
B: It's at twelve o'clock on weekdays. 주중에는 12시입니다.

A: **When is** the report due? 리포트는 언제까지야?
B: You have to submit it by next week. 다음 주까지는 제출해야 돼.

When are you~ing?

언제 …할거야?

When~ 다음에 be~ing의 진행형을 붙이거나 미래의 일을 말하는 be going to+V를 붙여서 만드는 패턴이다.

핵심패턴

- ✔ **When are you ~ing?** 언제 …해?, 언제 …할거야?
- ✔ **When are you going to+V?** 언제 …할거야?

💬 Speak like this!

① **When are you** coming home? 언제 집에 와?

② **When are you** planning to do this? 언제 이걸 하려고 해?

③ **When are you** getting married? 그럼 언제 결혼하는거야?

④ **When are you** leaving for Europe? 유럽으로 언제 가는거야?

⑤ **When are you going to** meet him? 언제 그 남자를 만날거야?

Real-life Conversation

A: **When are you** leaving? 언제 출발할거니?
B: I'm on my way now. 지금 가고 있는 중이야.

A: **When are you going to** pay those bills? 그 청구서 비용 언제 낼거야?
B: Oh, I keep forgetting to take care of them. 그거 처리한다는걸 계속 깜박했어.

When do you~ ?

언제 …해?

When~ 다음에 조동사(do)+주어가 오는 의문문. 동사가 be동사가 아니라 일반동사인 문장은 의문문으로 바꿀 때 조동사 do가 필요하다.

핵심패턴

- ✔ **When do you~?** 언제 …해?
- ✔ **When does~ ?** 언제 …해?
- ✔ **When did~?** 언제 …했어?

💬 Speak like this!

① **When does** the movie start? 영화가 언제 시작해?

② **When does** the store open? 가게는 언제 열죠?

③ **When do you** leave? 언제 떠나?

④ **When did you** graduate from high school? 언제 고등학교를 졸업했니?

⑤ **When do you** want me to start? 내가 언제 시작할까?

Real-life Conversation

A: **When does** the store open? 이 가게는 언제 여는거야?
B: I think it will open at nine a.m. 오전 9시에 열 것 같아.

A: **When did you** graduate from high school? 고등학교는 언제 졸업하셨어요?
B: I graduated about ten years ago. 한 10년쯤 전에 졸업했지.

When can~ ?

언제 …를 할 수 있어?

When~ 다음에 기타 조동사+주어가 오는 의문문으로, 조동사로는 가볍게 상대의 허가를 구할 때 쓰이는 can이 오거나 혹은 will이 오는 경우이다.

 핵심패턴

✓ **When can~?** 언제 …할 수 있어?
✓ **When will~?** 언제 …할거야?

💬 Speak like this!

① **When can** I start? 언제 시작하면 돼?
② **When can** I stop by? 내가 언제 들르면 돼?
③ **When can** I have my exam results? 시험 결과는 언제 알 수 있나요?
④ **When can** we get together? 언제 만날까?
⑤ **When will** you make a decision? 언제 결정을 내릴 건가요?

Real-life Conversation

A: **When can** we get together to talk? 언제 만나서 얘기할까?
B: Let's meet for coffee on Monday. 월요일에 만나서 커피마시자.

A: I am not sure what to do about that. 그 일을 어떻게 처리해야 할지 모르겠어.
B: **When will** you make a decision? 언제쯤 결정을 내릴 건데?

Where is~?

…가 어디야?

이번에는 Where~ 다음에 be동사+주어가 오는 의문문을 만들어 본다. is는 곧잘 의문사와 축약되므로 Where's~?의 형태로 많이 쓰인다.

 핵심패턴

- ✓ **Where is~?** …가 어디야?
- ✓ **Where were~?** …가 어디였어?

💬 Speak like this!

① **Where is** the rest room? 화장실이 어디예요?

② **Where is** the nearest drugstore? 제일 가까운 약국이 어디죠?

③ **Where is** Karen now? 캐런은 지금 어디 있어?

④ **Where were** you? 너 어디 있었어?

⑤ **Where is** the gas station? 주유소가 어디예요?

Real-life Conversation

A: **Where is** the bathroom? 화장실이 어디예요?

B: It's down the hall and to your left. 복도를 따라가다 왼쪽에 있어요.

A: **Where is** the TV that was here? 여기 있던 TV 어디 있니?

B: You told me to throw it away. 네가 버려버리라고 말했잖아.

Where are you ~ing?

어디서 …할거야?

where과 진행형 시제인 be+~ing가 합쳐진 경우로 현재 진행중인 일이나 혹은 가까운 미래의 얘기를 할 때 사용한다. 함께 Where are you going to+V?도 알아둔다.

핵심패턴

✓ **Where are you ~ing?** 어디서 …할거야?
✓ **Where are going to+V?** 어디에서 …할거야?

💬 **Speak like this!**

① **Where are you** going? 어디 가?

② **Where are you** getting this? 이거 어디서 난거야?

③ **Where are you** planning to go? 어디로 갈 계획이야?

④ **Where are you** gonna meet someone? 어디서 누구를 만날거야?

⑤ **Where are you** going to put that garbage?
   넌 어디에다 그 쓰레기를 놓을거야?

Real-life Conversation

A: **Where are you** going? 어디 가니?

B: I want to take a walk around the park. 공원 근처에 산책하러 가려고.

A: Excuse me, I seem to have lost my way. 실례합니다, 제가 길을 잃은 것 같아요.

B: **Where are you** trying to go? 어디를 가려고 하는데요?

Where do~ ?

어디서 …해?

Where~ 다음에 조동사(do)+주어가 오는 의문문을 만들어 본다. 과거로 물어보려면 Where did you+V? 라고 하면 된다.

핵심패턴

- ✓ **Where do you~?** 어디서 …해?
- ✓ **Where did you~?** 어디서 …했어?

💬 Speak like this!

① **Where do you** live now? 너 지금 어디 살아?

② **Where do you** want to stop for breakfast?
아침 먹으러 어디에 들르면 좋겠어?

③ **Where did you** buy this sweater? 이 스웨터 어디서 샀어?

④ **Where did you** see him? 걔를 어디서 봤어?

⑤ **Where do you** get your hair cut? 어디서 머리를 깎은거야?

Real-life Conversation

A: **Where do you** want to stop for breakfast? 아침 먹으러 어디 들르면 좋겠어?

B: Let's go to a pancake restaurant. 팬케익 파는 식당에 가자.

A: **Where did you** buy this sweater? 이 스웨터 어디서 샀어?

B: I got it on sale at a department store. 백화점에서 염가판매하는 걸 샀어.

Where can I ~ ?

어디서 …할 수 있어?

Where~ 다음에 기타 조동사+주어가 오는 의문문을 만들어 본다. 조동사로는 can과 should의 경우를 살펴본다.

핵심패턴

- ✓ **Where can I~?** 어디서 …할 수 있어?
- ✓ **Where should we~?** 어디서 …을 해야 돼?

💬 Speak like this!

① **Where can I** find shoes? 신발은 어디 있어요?

② **Where can I** meet you? 어디서 만날까?

③ **Where can I** put this package? 이 소포 어디다 놓을까?

④ **Where should I** put them? 내가 그것들을 어디에 놔야 돼?

⑤ **Where should we** go? 우리, 어디로 가야 하지?

Real-life Conversation

A: **Where can I** find shoes? 신발은 어디서 팔아요?

B: They are at the end of this aisle. 이 통로 끝에서요.

A: We can take a vacation together this summer.
올 여름에 휴가여행을 같이 가자.

B: **Where should we** go? 어디로 가지?

Who is ~?
…가 누구야?

who는 '누구'라는 의미로 여타 의문사와는 달리 동작의 주체가 될 수 있는 자격이 있다. 이런 관계로 who로 만드는 의문문은 다른 의문사의 경우에 비해 주어로 쓰이는 경우가 훨씬 많게 된다.

핵심패턴

✓ **Who is~?** …가 누구야?

💬 Speak like this!

① **Who is** it? 누구세요? (밖에 누가 왔을 때)

② **Who is** this guy? 이 친구 누구야?

③ **Who is** next in line? 다음 분은 누구죠? (창구 등에 줄 서있는 고객들에게)

④ **Who is** your favorite singer? 좋아하는 가수가 누구야?

⑤ **Who is** in charge of customer service? 고객 서비스를 담당하는 분은 누구죠?

Real-life Conversation

A: **Who is** in charge of customer service? 고객 서비스를 담당하는 분이 누구죠?

B: You need to talk to Ms. Kane. 케인 씨하고 말씀하셔야겠네요.

A: I really love the Korean soccer team. 난 한국 축구팀이 정말 좋아요.

B: That's great! **Who is** your favorite player? 반가워라! 어느 선수를 좋아 해요?

Who is ~ing?

누가 …해?

이번에는 who 자체가 주어로 쓰인 경우로 누가 ~ing하고 있는지 물어보는 문장이다. Who가 목적어로 쓰이는 경우에는 주어가 누구를 ~ing하냐고 물어보는 패턴이 된다.

핵심패턴

✓ **Who is ~ing?** 누가 …해?, 누가 …할거야?

✓ **Who is S+~ing?** …가 누구와 …해?

💬 Speak like this!

① **Who is** calling, please? 전화하는 분은 누구세요?

② **Who is** winning the game? 누가[어느 팀이] 이기고 있어?

③ **Who's** helping you? 누가 너를 도와주고 있어?

④ **Who's** she gonna believe? 걔는 누구를 믿어야 할까?

⑤ **Who's** Josh talking to? 조쉬는 누구와 얘기를 하고 있어?

Real-life Conversation

A: I need to speak to Professor Kimberly. 킴벌리 교수님하고 통화해야 하는데요.

B: She is busy right now. Who is calling, please?
교수님은 지금 바쁘세요. 누구신데요?

A: Who's Ray calling? 레이가 누구에게 전화를 하고 있어?

B: He needs to talk to his mom. 걘 엄마하고 통화를 해야 돼.

Who's going to~?

누가 …할거야?

Who's going to~ 다음에 동사원형을 넣어 본다. be going to+동사원형은 「…할 것이다」라는 뜻이다. 합친 Who's going to+동사원형?(누가 …할 거지?)는 아예 한덩어리로 외워둔다.

핵심패턴

✓ **Who's going to+V?** 누가 …할거야?

💬 Speak like this!

① **Who is going to** help her? 그 여자를 누가 도와줄거지?

② **Who's going to** pick us up at the airport? 누가 공항으로 우릴 데리러 오죠?

③ **Who's going to** pay for dinner? 누가 저녁식사를 내나요?

④ **Who is going to** fix this bicycle? 이 자전거는 누가 고칠거지?

⑤ **Who's going to** believe a guy like me? 누가 나와 같은 사람을 믿겠어?

Real-life Conversation

A: **Who's going to** help her? 누가 걔를 도와줄거지?

B: I will. Where is she now? 내가 도울게. 그런데 걘 지금 어딨어?

A: **Who's going to** pick us up at the airport? 누가 공항으로 우릴 데리러 오지?

B: Well… we'll have to take a shuttle bus. 그게…우린 셔틀버스를 타야 할거야.

Who do~?

누가 …해?

'Who+조동사+주어+동사원형?'의 어순을 갖는 의문문에서는 주로 과거의 일을 물어보는 did가 빈번하게 쓰인다.

핵심패턴

- ✓ **Who do you~?** 누가…해?
- ✓ **Who does you~?** 누가…해?
- ✓ **Who did you~?** 누가…했어?

💬 Speak like this!

① **Who do you** work for? 어디서 일해?

② **Who did you** have lunch with? 누구랑 같이 점심 먹었어?

③ **Who did you** sell your car to? 차를 누구에게 팔았어?

④ **Who did you** sit next to at the party? 그 파티에서 누구 옆에 앉아있었어?

⑤ **Who did you** send that e-mail to? 그 이메일은 누구에게 보낸거야?

Real-life Conversation

A: **Who did you** have lunch with? 점심 누구랑 같이 먹은거야?

B: Mr. Bickerman, one of our biggest clients. 비커맨 씨라고, 중요한 고객이야.

A: **Who did you** sell your car to? 차를 누구에게 팔았어?

B: A student at my school bought it. 우리 학교 학생 한 명이 샀어.

Why is~ ?

왜 …해?

Why는 '이유'를 물어보는 의문사로 상대방 언행의 원인을 알고자 할 때 사용하면 된다. 먼저 Why is+주어 ~ 다음에 형용사나 명사가 와서 왜 「주어가 …하냐?」라고 물어보는 질문.

- ✓ **Why is+S~ ?** 왜 …해?
- ✓ **Why were+S~ ?** 왜 …했어?
- ✓ **Why is it so~?** 왜 …한거야?

💬 Speak like this!

① **Why is** he so unhappy? 걘 왜 그렇게 불행해?

② **Why is** that my problem? 그게 왜 내 문제야?

③ **Why is** this such a big deal? 이게 무슨 큰일이라고 그래?

④ **Why is it so** important to you? 그게 왜 네게 그렇게 중요해?

⑤ **Why were** you absent yesterday? 어제 왜 결석했어?

Real-life Conversation

A: **Why is** Sally angry at Harry? 샐리는 왜 해리한테 화가 난거야?

B: They had a big fight last night. 어젯밤에 대판 싸웠어.

A: **Why were** you absent yesterday? 어제 왜 결석했지?

B: My mother was sick and we went to the hospital.
어머니가 아프셔서 병원에 갔었거든요.

145

Why do~?

왜 …해?

상대방이 왜 그렇게 행동하는지 혹은 왜 그렇게 행동했는지 물어보는 패턴이다. Why do you~ 다음에 다양한 동사를 넣어본다.

✓ **Why do you~?** 왜 …해?
✓ **Why did you~?** 왜 …한거야?

💬 Speak like this!

① **Why do you** think so? 왜 그렇게 생각하는거야?

② **Why do you** get up so early these days? 요즘 왜 그렇게 일찍 일어나니?

③ **Why do you** always do that? 넌 늘상 왜 그래?

④ **Why did you** go to New York? 뉴욕에는 왜 갔던거야?

⑤ **Why did you** go over there? 넌 왜 거기에 갔었어?

Real-life Conversation

A: **Why do you** get up so early these days? 요즘 왜 그렇게 일찍 일어나니?

B: I exercise before going to work. 출근하기 전에 운동을 하거든.

A: **Why did you** come home so late last night? 어젯밤에 왜 그렇게 늦게 들어왔니?

B: Mom, like I said, the bus was delayed.
엄마, 말씀드린대로, 버스가 늦게 왔다니까요.

Why don't you~?

…하는게 어때?

Why don't you~?의 경우는 이유를 물어보는 게 아니라 「…하는게 어때?」하고 상대방에게 부드럽게 제안하는 표현이다. you 대신 we를 써서 'Why don't we+동사원형?'을 사용하면 「우리 …하자」고 제안하는 표현이 된다.

핵심패턴

- ✔ **Why don't you~?** …하는게 어때?
- ✔ **Why don't we~?** …하자
- ✔ **Why didn't you~?** 왜 …을 하지 않았어?

💬 Speak like this!

① **Why don't you** rent a car? 차를 렌트하지 그래?

② **Why don't you** go by train? 기차를 타고 가렴.

③ **Why don't we** go for a drive? 우리 드라이브 가자.

④ **Why don't we** have lunch? 우리 점심 먹을까?

⑤ **Why didn't you** help her? 넌 왜 걔를 도와주지 않았어?

Real-life Conversation

A: Do you think this shirt will fit me? 이 셔츠 나한테 어울릴 것 같아?
B: **Why don't you** try it on? 한번 입어보지 그래?

A: **Why don't we** go for a drive? 우리 드라이브 갈까?
B: That's a great idea. I'm a little bored. 그거 좋은 생각이야. 좀 따분했는데.

How is~ ?

…가 어때?

How는 '방법'이나 '수단'을 나타내는 대표적인 의문사이다. be동사와 함께 쓰이면 '어떤지' 혹은 '어땠는지' 상태를 물어보는 말이 되기도 한다. 실제 회화에서 How is~ 는 축약되어 How's로 많이 사용된다.

핵심패턴

- ✓ **How is~?** …가 어때?
- ✓ **How was~?** …가 어땠어?

💬 **Speak like this!**

① **How was** your trip? 여행은 어땠니?

② **How are** you? 어떻게 지내? (안부인사)

③ **How is** your cold? 감기는 좀 어때?

④ **How was** your summer vacation? 여름방학은 어땠어?

⑤ **How was** the concert last night? 어젯밤 콘서트는 어땠어?

Real-life Conversation

A: **How is** your cold? 감기는 좀 어때?

B: It's not bad. I'm starting to feel better. 그리 나쁘지 않아. 점차 나아지고 있어.

A: **How was** your summer vacation? 여름 휴가는 어땠어?

B: Great! We traveled to eight countries in Europe.
끝내줬지! 유럽 8개국을 돌아다녔다구.

How are you ~ing?

어떻게 …하고 있어?

상대방이 어떤 상황인지 어떻게 지내고 있는지 물어보는 패턴으로 How are you doing?이 대표적인 문장
이다.

핵심패턴

- ✔ **How are you ~ing?** 넌 어떻게 …해?
- ✔ **How are you going to+V?** 넌 어떻게 …할거야?

💬 Speak like this!

① **How are you** doing? 안녕?

② **How are you** feeling today? 오늘 기분이 어때?

③ **How are you** doing there, Jerry? 제리 어떻게 지내?

④ **How are you** holding up? 어떻게 견디고 있어?

⑤ **How are you** gonna do this? 넌 어떻게 이걸 할거야?

Real-life Conversation

A: **How are you** doing? 잘지냈어?

B: I'm great. How's everything with you these days?
좋아. 요즈음 너는 어때?

A: **How are you** going to pass the exam? 넌 어떻게 시험을 통과할거야?

B: All I need is books to study with. 내가 필요한 것은 공부할 책들이야.

How do you~?

어떻게 …해?

How~ 다음에 조동사(do)+주어가 오는 의문문을 만들어 본다. 참고로 상대방의 의견을 구하는 'How do you like+명사?'의 구문을 외워두면 여기저기 요긴하게 사용할 수 있다.

핵심패턴

- ✔ **How do you~?** 어떻게 …해?
- ✔ **How do I~?** 어떻게 …하는거야?

💬 Speak like this!

① **How do you** like this Thai restaurant? 이 태국 음식점 어때요?

② **How do you** like my plan? 내 계획 어때?

③ **How do you** like your new job? 새 직장은 어때[새 일은 어때]?

④ **How do I** get to the airport? 공항까지 어떻게 가나요?

⑤ **How do you** say that in English? 그걸 영어로는 어떻게 말해?

Real-life Conversation

A: **How do you** like your new job? 새 직장은 어때?

B: It's stressful. I don't enjoy it. 스트레스가 심해. 일이 즐겁지가 않군.

A: **How do I** turn on the stereo? 이 스테레오는 어떻게 켜는거예요?

B: Press the round button. That turns on the power.
둥근 버튼을 누르세요. 그러면 전원이 들어와요.

How about~ ?

…하는건 어때?

How about~ 다음에 다양한 명사나 ~ing 아니면 S+V의 문장을 이어서 말해본다. 「…하는 건 어때?」라고 상대의 의향을 물어볼 수 있다.

핵심패턴

- ✓ **How about+N?** …어때?
- ✓ **How about ~ing?** …하는 건 어때?
- ✓ **How about S+V?** …하는 건 어때?

💬 Speak like this!

① **How about** another cup of coffee? 커피 한잔 더 어때요?

② **How about** tomorrow evening? 내일 저녁은 어때?

③ **How about** you? 넌[네 생각은] 어때?

④ **How about** going out for dinner? 저녁먹으러 나가는 건 어때?

⑤ **How about** I give you a ride home? 내가 집에까지 차로 데려다 줄까?

Real-life Conversation

A: When can we meet each other? 우리 언제 만날까요?

B: **How about** tomorrow evening? I'm free. 내일 저녁 어때요? 난 한가한데.

A: You're lazy. **How about** you do some work? 너 게으르다. 일 좀 하는게 어때?

B: No, I think I'd rather play games on my computer.
싫어. 난 차라리 컴퓨터 게임을 할래.

How many~?

얼마나 많이 …해?

수나 양이 얼마나 되는지 물어볼 때는 How many나 How much를 쓴다. 셀 수 있는 명사의 '수'를 물어볼 때는 How many~?로, 셀 수 없는 명사의 '양'을 물어볼 때는 How much~?를 쓴다.

핵심패턴

✓ **How many~?** 얼마나 많이 …해?

✓ **How much~?** 얼마나 많이 …해?

💬 **Speak like this!**

① **How many** people came to the party? 몇 명이나 파티에 왔니?

② **How many** times have you been to New York? 뉴욕에는 몇번째야?

③ **How many** fish did you catch? 물고기를 몇마리나 잡았어?

④ **How much** time will it take? 시간이 얼마나 걸릴까?

⑤ **How much** did it cost? 그거 사는데 얼마나 들었어?

Real-life Conversation

A: **How many** languages can you speak? 몇개국이나 하세요?

B: I can speak English and Korean. 영어와 한국어를 할 줄 알아요.

A: **How much** time will it take to get there? 거기 가는데 시간이 어느 정도 걸려?

B: About 5 or 10 minutes? It's not very far. 한 5분이나 10분쯤? 그리 멀지 않아.

How far~ ?

얼마나 멀리…?

첫번째 예문은 「얼마나 자주(how often) 검은사막 게임을 해?」라는 말이다. 이처럼 의문사 How 뒤에 often, long, far, soon 등의 부사를 붙여서 물어볼 수 있다. 'How+부사'를 한덩어리로 생각해서 조동사나 be동사는 그 뒤에 쓰면 된다.

- ✓ **How often~?** 얼마나 자주 …해?
- ✓ **How old~?** 얼마나 오래된 …야?
- ✓ **How long~?** 얼마나 …한거야?
- ✓ **How soon~?** 얼마나 빨리 …할거야?
- ✓ **How far~?** 얼마나 멀리 …해?

💬 Speak like this!

① **How often** do you play *Black Desert online*? 검은사막을 얼마나 자주 하니?

② **How far** is the nearest bus stop? 제일 가까운 버스정류장이 얼마나 멀어?

③ **How old** is the car you bought? 네가 산 차, 얼마나 오래된거야?

④ **How long** have you been in Korea? 한국에 계신지 얼마나 됐어요?

⑤ **How soon** will you return to the US? 언제쯤 미국으로 돌아갈거야?

Real-life Conversation

A: **How often** do you play *Lineage*? 얼마나 자주 리니지를 해?
B: I used to play every day, but these days, I don't play at all.
예전에는 매일 했는데 요즘에는 전혀 안해.

A: **How long** have you been in Korea? 한국에 계신 지 얼마나 됐어요?
B: I've been here for about three years. 3년 정도 있었네요.

196

PATTERN
153

How come~?

어째서 …하는거야?

How come~은 한마디로 Why에 해당되는 단어로 이유를 물어보는 말이다. 다만 why의 경우는 뒤에 주어와 동사를 도치시켜야 하지만, How come의 경우는 시제가 현재이건 과거이건 뒤에 바로 주어+동사를 도치없이 그대로 갖다 붙이면 된다.

 핵심패턴

- **How come S+V?** 어째서 …하는거야?
- **How come?** 왜?, 어째서?

💬 Speak like this!

① **How come** you're late? 어쩌다 이렇게 늦은거야?

② **How come** you're still at a job that you hate?
왜 네가 싫어하는 직장에 아직도 다녀?

③ **How come** you're so weird? 어째서 넌 그렇게 이상하냐?

④ **How come** he didn't show up last night? 걔는 왜 어젯밤 안 왔대?

⑤ **How come** you think Dave is here? 왜 데이브가 여기 있다고 생각해?

Real-life Conversation

A: **How come you think Chris is dumb?** 넌 왜 크리스가 바보라고 생각하는거야?
B: **He does very poorly in his classes.** 걔 수업시간에 형편없잖아.

A: **How come you didn't call me last night?** 어젯밤엔 왜 전화를 안 한거니?
B: **I didn't know that you called.** 네가 전화했는지 몰랐어.

Which is~?

어떤 것이 …해?

Which는 「어느 것」, 「어느 쪽」이라는 뜻으로, 주로 '선택'의 문제와 관련해서 쓰이는 의문사이다. 두 가지 사이의 선택일 수도 있고 여러 가지 중에서 하나를 고르는 선택일 수도 있다.

핵심패턴

- **Which is~ ?** 어떤 것이 …해?
- **Which do you~?** 어떤 것을 …해?
- **Which+N~?** 어떤 …가 …해?

💬 Speak like this!

① **Which is** on sale? 어느게 세일하는거예요?

② **Which is** the shortest way to the station?
역까지 제일 빠른 길이 어느 쪽이야?

③ **Which do you** want to see next? 다음으로는 어떤 걸 보고 싶어?

④ **Which** part was the funniest? 어느 부분이 제일 재미있었어?

⑤ **Which** scarf do you prefer? 스카프 어떤게 좋아?

Real-life Conversation

A: **Which** swimsuit do you prefer? 어떤 수영복이 좋아?
B: I think the polka dot bikini is pretty. 물방울 무늬 비키니가 예쁜 것 같은데.

A: I loved the new Jackie Chan movie. 성룡 나오는 새 영화 진짜 재미있어.
B: **Which** part was the funniest? 어느 부분이 제일 재밌었어?

Can you tell me what[how]~?

···인지 말해줄래?

지금까지 학습한 의문문과 Can you tell me~?를 조합하여 다양한 문장을 만들어보자. 먼저 Can you tell me~ 다음에 when, what, how 의문사절을 넣어보는데 한가지 주의해야 할 점은 의문문 자체가 tell처럼 동사의 목적절로 영입될 경우에는 주어와 동사의 순서가 바뀌지 않고 원래대로 사용하면 된다는 점이다.

핵심패턴

✓ **Can you tell me+what[how]~?** ···인지 말해줄래?

💬 Speak like this!

① **Can you tell me what** time is good for you? 언제가 좋은지 말해줄래요?

② **Can you tell me what** happened? 무슨 일이 일어난 건지 말해줄래요?

③ **Can you tell me how** to get to the museum?
박물관으로 가려면 어떻게 가야 하나요?

④ **Can you tell me how** you feel? 기분이 어떤지 말해줄래요?

⑤ **Can you tell me what** you need? 뭐가 필요한지 말해줄래?

Real-life Conversation

A: Will you go grocery shopping for me? 식료품점에 좀 다녀와 줄래?
B: Can you tell me what you need? 뭐가 필요한데?

A: Can you tell me how to get to Yankee Stadium?
양키 스타디움으로 가려면 어떻게 가야 하는지 말씀해주실래요?
B: Sure. Catch the 87 bus across the street. 네. 길 건너에서 87번 버스를 타세요.

PATTERN
156

Can you tell me where[why, if, who]~?

…인지 말해줄래?

이번에는 where, why, if, 그리고 who 의문문과 Can you tell me~? 패턴을 조합하여 다양한 문장을 만들어보자.

- ✓ **Can you tell me where~?** 어디가 …인지 말해줄래?
- ✓ **Can you tell me why~?** 왜 …인지 말해줄래?
- ✓ **Can you tell me if~?** …인지 말해줄래?
- ✓ **Can you tell me who~?** 누가 …인지 말해줄래?
- ✓ **Can you tell me+N?** …을 말해줄래?

💬 Speak like this!

① **Can you tell me where** the gas station is? 주유소는 어디인가요?

② **Can you tell me where** I can find stationery?
문구류는 어디서 파는지 말해줄래요?

③ **Can you tell me if** he's alright? 걔가 괜찮은지 아닌지 말해줄래요?

④ **Can you tell me why** she is angry? 걔가 왜 화난 건지 말해줄래요?

⑤ **Can you tell me** some details? 자세히 좀 말해줄래?

Real-life Conversation

A: **Can you tell me where** the gas station is? 주유소가 어딘지 말해줄래요?

B: Oh, it's over there. Can you see its sign? 아. 바로 저기예요. 간판 보이죠?

A: I have some real estate you should look at.
살펴보셔야 할 부동산을 좀 갖고 있는데요.

B: **Can you tell me** some details about it? 자세하게 얘기해 보실래요?

PATTERN
157

It is, isn't it?

···이지 그렇지 않아?

부가의문문을 만들 때 주의할 점은 ① 주어가 명사라 할지라도 부가의문문에서는 주어를 꼭 '대명사'로 바꿔 주어야 하고, ② 본 문장의 주어가 That이나 This여도 부가의문문은 ~, isn't it?이 되는 경우가 많다. ③ 또, 본 문장에서 일반동사가 나왔다면 부가의문문에서는 do나 does 등의 '조동사'로 바꿔주어야 한다.

핵심패턴

- ✓ **It is ~, isn't it?** ···이지, 그렇지 않아?
- ✓ **It isn't, is it?** ···이지 않아, 그렇지?

💬 Speak like this!

① **You're** a newcomer, **aren't you?** 신입사원이군요, 그렇죠?

② **He likes** Carry, **doesn't he?** 걘 캐리를 좋아하지, 그렇지?

③ **Mina can** speak French, **can't she?** 미나는 불어를 할 줄 알죠, 그렇죠?

④ **You didn't** tell her, **did you?** 너 걔한테 얘기 안했지, 그렇지?

⑤ **You're not** the owner, **are you?** 당신은 주인이 아니군요, 그렇죠?

Real-life Conversation

A: I know you want to date Liz. 리즈하고 데이트하고 싶어하는거 알아.
B: **You didn't tell her, did you?** 걔한테 말 안했지, 그렇지?

A: **He can't cook, can he?** 걘 요리 못하잖아, 그렇지?
B: No, but I think he's planning to take us to a nice restaurant.
못하지. 하지만 우릴 근사한 레스토랑에 데려가려고 하는 것 같아.

1 What are you~ ? 다음에 다양한 동사의 ~ing를 넣어보자.

1. 오늘 오후에 뭐해?(this afternoon)

_____

2. 뭘 기다리는 거야?(wait for)

_____

3. 뭘 들래?(have)

_____

> 정답 1. What are you doing this afternoon? 2. What are you waiting for? 3. What are you going to have?

2 What brings[brought] you to~? 다음에 다양한 장소명사를 넣어보자.

1. 병원엔 웬일이세요?(the doctor's office)

_____

2. 경찰서엔 웬일이세요?(the police stations)

_____

3. 카지노에 어쩐일이야?(the casino)

_____

> 정답 1. What brings you to the doctor's office today? 2. What brings you to the police stations? 3. What brought you to the casino?

3 Where can[should] I~? 다음에 다양한 동사를 넣어보자.

1. 생일파티 어디서 할까?(my birthday party)

_____

2. 걔에게 연락하려면 어디로 해야지?(reach sb)

_____

3. 점심 어디 가서 먹을까?(eat lunch)

_____

> 정답 1. Where can I go for my birthday party? 2. Where can I reach him? 3. Where should we go to eat lunch?

4 **Who is going to~?** 다음에 다양한 동사를 넣어보자.

1. 누가 이거 처리할거야?(take care of)

_____

2. 누가 이걸 지불할거야?(pay for this)

_____

3. 누가 이 문제를 해결할거야?(solve the problem)

_____

정답 1. Who's going to take care of this? 2. Who's going to pay for this? 3. Who's going to solve the problem?

5 **Why don't you[we]~?** 다음에 다양한 동사를 넣어보자.

1. 나 좀 도와주라(give me a hand)

_____

2. 한번 해봐(try it)

_____

3. 걔에게 전화해봐(give him a call)

_____

정답 1. Why don't you give me a hand? 2. Why don't you try it? 3. Why don't you give him a call?

6 **How about~ ?** 다음에 다양한 명사/~ing/문장을 넣어보자.

1. 집에 데려다 줄까?(give ~ a ride home)

_____

2. 내일 저녁 저녁먹자고(dinner)

_____

3. 피터에게 돈 빌려달라고 해봐?(ask~ to)

_____

정답 1. How about I give you a ride home? 2. How about dinner tomorrow night? 3. How about asking Peter to lend you some money?

패턴만 알아도 영어가 된다!

Chapter

10

알아두면 좋은 정보들

현재시제

···해

현재시제는 '동사원형'을 사용하거나 혹은 동사 끝을 -s [-es]로 변화시켜 사용(3인칭 단수의 경우)하는데, 현재의 사실이나 현재의 상태를 표현할 때, 자주 반복되는 습관적인 일, 변치않는 진리, 그리고 가고 오는 것과 관련된 동사들(일명 왕래발착 동사)에서 미래시제를 대신하여 가까운 미래를 나타낼 때 쓰인다.

✓ **S+V(현재시제)** ···해

💬 **Speak like this!**

① **She likes** dogs. [현재의 사실 · 상태] 걘 개를 좋아해.

② **He gets up** early these days. [반복 · 습관적 동작] 걘 요즘 일찍 일어나.

③ **History repeats** itself. [변치않는 사실] 역사는 반복되는거야.

④ **He starts for** New York tomorrow. [가까운 미래] 걘 내일 뉴욕으로 떠나.

⑤ **We go hiking** every weekend. [반복되는 동작] 우린 주말마다 등산을 해.

Real-life Conversation

A: **Jason gets up** early these days. 제이슨이 요새 일찍 일어나네.

B: Is he becoming a morning person? 아침형 인간이 되어가는 건가?

A: When is your husband going to the US? 남편은 언제 미국으로 가요?

B: **He starts for** Boston tomorrow. 내일 보스턴으로 출발할거예요.

과거시제

…했어

과거시제는 이미 과거에 끝난 동작을 나타내는 데 쓰여서, 가끔씩 지금은 그렇지 않다는 뉘앙스를 풍기기도 해요.

핵심패턴

✓ **S+V(과거시제)** …했어

💬 Speak like this!

① **He went to** bed early. 걘 일찍 잠자리에 들었어

② **She was** pretty. [과거에 이미 끝난 동작] 걘 예뻤지.

③ **They didn't know** that. [과거에 이미 끝난 동작] 걔들은 그걸 몰랐어.

④ **He changed** his mind. 걘 마음을 바꿨어.

⑤ **She didn't answer** her phone. **I left** a message.
걘 전화를 받지 않아 메시지를 남겼어.

Real-life Conversation

A: Hey, your sister **was sleeping** again in class. Did she stay up late last night? 야, 네 여동생 수업시간에 또 자더라. 어젯밤에 늦게까지 안자고 있었냐?

B: No, **she went to** bed early. 아니. 일찍 자던데.

A: Let's eat something soon. 빨리 뭐 좀 먹자.

B: **I didn't realize** you were so hungry. 네가 배고픈지 몰랐네.

현재완료 시제

···했어, ···해본 적 있어

현재완료 시제는, '계속되다가 방금 막 끝난 '동작,' '경험(···한 적이 있다),' '지금도 계속되고 있는 '상황,'(주로 for, since 등의 기간을 나타내는 표현들과 함께) 그리고 '결과(···해버렸다)' 등을 표현할 때 쓰이는 표현법이다.

핵심패턴

✓ **S+have+pp** ···했어, ···해본적 있어

💬 Speak like this!

① **I have lost** my key. 열쇠를 잃어버렸어.

② **I have just read** a book. [방금 끝난 동작] 책을 방금 다 읽었어.

③ **I have visited** New York. [경험] 뉴욕에 가본 적이 있지.

④ **I have been** in New York for 3 years. [계속되는 상황] 3년째 뉴욕에 살아.

⑤ **He has gone to** New York. [결과(···해버렸다)] 걘 뉴욕으로 가버렸어.

Real-life Conversation

A: **I have visited** London. 나 런던에 가본 적 있는데.

B: Really? **My brother has lived** there for 3 years.
그래? 우리 형이 거기서 3년째 살고 있는데.

A: **I have lost** my key. 나 열쇠를 잃어버렸어.

B: Did you look in your bag? 가방 안은 살펴봤어?

가정법

…라면 …할게

가정법은 말 그대로 '가정(假定)해보는 것,' 즉 그냥 한번 '이렇다면 어떨까?'하고 상상해보는 것을 나타낼 때 쓰이는 표현법이다.

핵심패턴

- ✓ **If S+V, ~ will (가정법 현재)** …라면 …할게
- ✓ **If S+과거동사, ~would[could]~(가정법 과거)** …하다면 …할텐데
- ✓ **If S+had+pp, would have+pp(가정법 과거완료)** (과거에) …했더라면 …했었을텐데

💬 Speak like this!

① **If he doesn't go, I won't go** either. 걔가 안가면 나도 안가.

② **If it is** true, **I will** fire him. 그게 사실이라면 그 녀석을 해고할거야.

③ **If you get** some beer, **I'll buy** a pizza. 네가 맥주를 사온다면 내가 피자를 사지.

④ **If I were rich, I would have** a vacation home.
내가 부자라면 별장을 갖고 있을텐데.

⑤ **If I had seen** you, **I would have said** hello. 내가 널 봤더라면 인사 했겠지.

Real-life Conversation

A: If I knew her phone number, I would call her.
걔 전화번호를 안다면 전화할텐데.

B: Didn't you ask her for it? 가르쳐달라고 안했어?

A: If I had known it, I wouldn't have gone there.
그 사실을 알았더라면 거기 안갔을텐데 말이야.

B: But you went. Don't regret it. 하지만 갔었잖아. 후회하지 말라구.

I wish~

…라면 …할텐데

I wish~ 다음에 이어지는 절에 동사의 과거/과거완료형을 넣어본다. 먼저 가정법 현재에 해당되는 것은 'I wish+주어+동사의 과거형' 형태의 문장이다. 가정법 과거완료를 과거에 그러지 못했던 것을 한탄하는 표현으로, 'I wish+주어+had+과거분사'의 형태를 쓰면 된다.

핵심패턴

- **I wish I+과거동사** …하면 좋겠는데
- **I wish I had+pp** …했더라면 좋았을텐데

💬 Speak like this!

① **I wish I had studied** harder. 공부를 더 열심히 했더라면 좋았을텐데.

② **I wish I could go with you.** 너하고 같이 가면 좋을텐데.

③ **I wish I were rich.** 내가 부자라면 좋을텐데.

④ **I wish I hadn't done that.** 그러지 않았더라면 좋았을텐데.

⑤ **I wish I had a car.** 내가 차를 갖고 있다면 좋을텐데.

Real-life Conversation

A: I'm going to visit Paris this summer. 올 여름에 파리에 갈거야.

B: **I wish I could go with you.** 나도 같이 갈 수 있으면 좋으련만.

A: I heard you were drunk and broke a window yesterday.
듣자하니 너 어제 취해서 창문을 깼다면서.

B: Yeah. **I wish I hadn't done that.** 그러지 않았더라면 좋았을 것을.

PATTERN
163

should have+pp
…했어야 했는데

과거의 후회를 표현하는 패턴으로 should have+pp는 과거에 그랬어야 했는데 그러지 못했다는 것을, 반대로 shouldn't have+pp는 과거에 그러지 말았어야 했는데 그랬다는 표현의 패턴이 된다.

핵심패턴

- ✓ **should have+pp** …했어야 했는데
- ✓ **shouldn't have+pp** …하지 말았어야 했는데

💬 Speak like this!

① **I should have** gotten up early this morning.
오늘 아침 일찍 일어났어야 했는데.

② **I shouldn't have** bought this new car. 이 새 차를 사지 말았어야 했는데.

③ **I shouldn't have** met him. 걜 만나지 말았어야 했어.

④ **I should have** stopped it, but I didn't. 내가 그만 멈췄어야 했는데 그러질 못했어.

⑤ **I should have** told you about that sooner.
그것에 대해 더 빨리 네게 말했어야 했는데.

Real-life Conversation

A: **I shouldn't have** bought this new car. 이 새 차를 사지 말았어야 했어.

B: Was it too expensive for you? 너한테는 너무 비싼 차였니?

A: **I should have** gotten up early this morning.
오늘 아침에 일찍 일어났어야 했는데.

B: Yeah, maybe you wouldn't have failed your presentation.
그러게, 그랬으면 아마 프리젠테이션 망치지 않았을텐데.

1 I should have~ 다음에 다양한 동사의 pp를 넣어보자.

1. 오래 전에 집에 도착했어야 하는데(long ago)

_____

2. 표를 다시 한번 확인해봤어야 했는데(doubl check)

_____

3. 걔한테 물어봤어야 하는데(ask)

_____

> 정답 1. We should have been home long ago   2. I should have double checked my ticket   3. I should have asked him

2 If I were you, I would[could]~ 다음에 다양한 동사를 넣어보자.

1. 내가 네 입장이라면 그만두지 않을거야(quit)

_____

2. 내가 너라면 거기 안 들어갈 거야(go in there)

_____

3. 나라면 오늘밤에 복권 한 장 사겠어(buy a lottery ticket)

_____

> 정답 1. If I were in your shoes, I wouldn't quit   2. If I were you, I wouldn't go in there   3. If I were you, I'd be buying a lottery ticket tonight

3 I wish~ 다음에 다양한 주어+과거/주어+과거완료를 넣어보자.

1. 우리가 함께면 좋을 텐데(be together)

_____

2. 구글에 투자할 걸(invest in)

_____

3. 나도 그랬으면 좋을텐데(do that)

_____

> 정답 1. I wish we were together   2. I wish I had invested in Google   3. I wish I could do that

4 If+과거. I could~ 다음에 다양한 동사를 넣어보자.

1. 걔 전화번호를 알면 전화할텐데(have her phone number)

_____

2. 키가 크다면 농구선수가 되었을텐데(a basketball player)

_____

3. 걔가 미혼이라면 내가 청혼했을텐데(ask~ to marry)

_____

정답 1. If I had her phone number, I would call her 2. If I were tall, I could be a basketball player 3. If she were not married, I'd ask her to marry me

5 If+현재. I will~ 다음에 다양한 동사를 넣어보자.

1. 소식하면 살이 빠질거야(lose weight)

_____

2. 네가 방을 치우면 돈을 줄게(clean the room)

_____

3. 서두르면 걔를 만날 수 있을 거야(be able to)

_____

정답 1. If I eat less, I'll lose weight 2. If you clean the room, I'll pay you 3. If we hurry, we'll be able to meet her